云服务视角下
IT项目投资策略分析

卢 山 陈丽娜 ◎ 著

首都经济贸易大学出版社

Capital University of Economics and Business Press

·北 京·

图书在版编目(CIP)数据

云服务视角下 IT 项目投资策略分析/卢山,陈丽娜著. － －
北京:首都经济贸易大学出版社,2019.5
ISBN 978－7－5638－2875－3

Ⅰ.①云⋯　Ⅱ.①卢⋯　②陈⋯　Ⅲ.①IT 产业—项目管
理—投资决策　Ⅳ.①F49

中国版本图书馆 CIP 数据核字(2018)第 238086 号

云服务视角下 IT 项目投资策略分析
卢　山　陈丽娜　著
YUNFUWU SHIJIAOXIA IT XIANGMU TOUZI CELÜE FENXI

责任编辑	陈　侃	
封面设计	砚祥志远·激光照排　TEL: 010-65976003	
出版发行	首都经济贸易大学出版社	
地　　址	北京市朝阳区红庙(邮编 100026)	
电　　话	(010)65976483　65065761　65071505(传真)	
网　　址	http://www.sjmcb.com	
E－mail	publish@cueb.edu.cn	
经　　销	全国新华书店	
照　　排	北京砚祥志远激光照排技术有限公司	
印　　刷	人民日报印刷厂	
开　　本	710 毫米×1000 毫米　1/16	
字　　数	185 千字	
印　　张	10.5	
版　　次	2019 年 5 月第 1 版　2019 年 11 月第 2 次印刷	
书　　号	ISBN 978－7－5638－2875－3/F·1587	
定　　价	39.00 元	

前　言

　　企业是国民经济的重要支撑,安全高效的信息系统和信息技术是企业快速发展的先决条件。近年来,云计算的兴起又为企业信息技术(IT)项目投资的推广和应用注入了新的活力。企业的信息技术项目投资是一个复杂的过程,由于投资过程中存在着不可逆、风险高、升级效益难以评估、涉及因素多等特点,企业的信息技术项目投资始终存在着"投资黑洞"。因此,如何从企业从业者的角度探索在云服务视角下企业信息技术项目投资策略分析,具有重要的学术价值和实践意义。

　　本书综合运用了数理统计、不确定投资理论、实物期权理论、博弈论和信息经济学等多学科领域的最新研究成果和知识,通过借鉴与创新,探索信息技术项目升级对企业经营管理能力的提升水平,量化信息技术项目升级的价值,梳理信息系统与信息技术云在其整个产品生命周期上的新特点,剖析科技与经济飞速发展的市场环境下企业的多重身份,分别站在信息系统和信息技术云服务供应商和使用者的角度,探讨信息系统和信息技术云从供应商研发到用户采纳整个过程中的投资决策问题。

　　研究成果在理论上为企业信息技术项目投资决策问题提出了新的研究方向,同时进一步验证了不确定投资理论和动态博弈理论在企业信息技术项目投资领域中良好的适用性和可靠性;研究成果在实践上能够辅助各类投资者对云项目的投资做出科学决策,降低信息技术项目投资风险,降低成本,获得更高的总体投资回报收益,进而提高企业的整体竞争优势。研究工作主要从以下几个方面展开:

　　第一,通过大量的文献研究,证实不确定投资理论和动态博弈理论在信息技术项目云投资决策问题上良好的适用性和可靠性。同时,对我国现阶段云服务的应用和研究现状进行分析,总结云服务的特点,尤其是信息系统与信息技术云在研发、实施、运维等各方面的新变革,为本文的研究打下扎实的理论基础。

第二,结合专家意见和理论文献,建立信息技术项目升级效益指标,即企业进行信息系统升级后得到提升的各项经营管理能力的集合。基于指标体系建立调查问卷,应用数理统计的方法对有效问卷数据进行整理分析。首先,总结信息技术项目升级后企业各项经营管理能力的提升水平;其次,将升级效益指标分成非直接经济效益指标和直接经济效益指标,并对这两组指标进行因子分析降维。最后,采用结构方程模型的方法对指标间的路径关系进行研究。探讨各项信息化升级效益间的相互作用关系,归纳梳理企业信息化升级对企业整体盈利能力提升的促进过程,探索信息系统升级项目价值的量化途径。这一部分研究内容不仅在于对信息技术项目升级的效益,以及信息技术项目升级效益指标间的联系等进行探索,更是研究内容信息化升级项目投资决策模型中的价值评估的基础。

第三,应用不确定投资理论,为信息技术项目云使用者构建多重不确定性下的企业信息化升级项目多期投资决策模型。站在信息系统与信息项目使用者的角度,基于云服务下的信息系统和信息技术实施和升级的新特点,承接第二部分的研究成果,引入非直接经济效益能力提升的价值转换率参数,综合运用实物期权与动态规划的理论,改进原有的单期决策模型,得到多期的最优决策集。最后,总结归纳模型推导与算例分析的研究结果,梳理各回报变量的不确定性对投资行为的影响,得到信息系统和信息技术云使用者在进行信息化升级时需要注意的定理和准则。

第四,应用动态博弈理论,构建信息技术项目云供应商的双寡头与双市场环境下企业信息系统与信息技术云研发项目投资决策模型。从信息系统与信息技术供应商的角度,分别在对称双寡头和非对称双寡头的情况下,基于云服务下的信息系统和信息技术研发销售的新特点,运用动态博弈理论,改进原有支付函数中的项目价值和成本函数,建立博弈矩阵,搜索均衡结果。最后,总结归纳模型推导、算例分析以及均衡分析的研究结果,梳理各变量对各个企业支付函数以及博弈均衡的影响,得到信息技术项目云供应商在进行信息化研发时需要注意的定理和准则。

目　录

图表目录

绪　　论

1.1 研究背景和意义

1.1.1 研究背景

信息技术的不断进步推动着世界经济向前发展，信息化已成为企业持续快速发展的重要平台和企业运作与管理的基本方法。在经济全球化的贸易体系下，企业之间的竞争已然突破国界。在激烈的市场竞争面前，国内外企业为了提升企业的管理水平，具备更高的企业竞争力，迫切需要整合各种资源，提高运营效率和管理水平。以信息系统为核心的信息化建设已经成为企业的最佳选择和获取竞争优势的主要方法。在建设信息化系统的道路上，学术界与实业界都已迈出了一大步，但是接踵而来的一系列问题仍然困扰着信息化的建设、实施。如今，企业信息化已成为必然选择，但一些问题仍使得许多企业在信息技术项目投资建设上驻足不前。信息技术项目投资是一项复杂且充满挑战的实践工作，不仅涉及企业内外各相关因素，还要考虑投资者的角色和立场。我们总结了信息技术项目投资过程中存在的三个关键点。第一个关键点是信息技术项目投资的量化问题。企业信息系统的更新升级会提升企业的多方面管理运维能力，如何明确信息系统升级对企业管理运维能力的提升水平，以及这些管理运维能力间的相互作用关系，这些管理运维能力的提升又是如何促进企业整体盈利能力的提升的，是研究信息化项目投资决策的关键问题。企业进行信息化项目升级，需要向供应商购买信息化产品，在这个信息化流程中，不可避免地涉及用户和供应商。因此，第二个关键点是用户企业的信息化项目的升级投资问题。对于企业信息化用户，如何根据企业自身诉求把管理运维能力的提升转换成可量化的经济价值，是衡量信息化项目价值的难点。第二个关键点和第一个关键点的研究相辅相成，是用户企业进行信息技术项目投资和信息化建设的关键。第三个关键点则在于供应商企业的信息化研发项目的投资决策。供应商企业研发出新系统、新技术再出售给用户并获利，这个问题有着传统研发投资问题的共性，又由于云服务下信息系统和信息技术的新特点而呈现出不同的特性。因此，在解决供应商投资决策的问题时，基于信息化市场新形势的研究至关重要。

科学技术的发展不断推动着信息系统与信息技术的变革，自 2007 年国际商业机器公司（IBM）公司提出云计算战略后，云计算的技术逐步应用于信息系统与信息技术，已经成为信息化发展的必然趋势。云计算近年来的飞速发展，让云计算在欧美国家的信息系统和信息技术中得到了广泛的使用。这项技术在我国等发展中国家的发展应用也日趋成熟，越来越多的信息系统和信息技术摒弃了原有的本地安装及使用本地服务器的策略。现在，软件即服务、平台即服务、基础设施即服务的趋势已经彻底改变了传统的信息系统和信息技术的使用方式。信息系统和信息技术供应商选择将服务和软件放在云平台上，用户通过购买和租赁供应商的信息系统或者信息技术，直接通过互联网就可接入服务器，不再需要本地维护、本地安装等一系列的信息系统、前期准备以及后期运维。

因此，新形势下，如何结合云计算的新特性对信息化项目投资的价值进行合理评估，辅助企业做出科学可靠的决策，是学术界和实业界共同关注的重点问题。

1.1.2 研究意义

高投资回报是信息化建设者和管理者追求的目标。然而，信息化建设的复杂性始终困扰着投资者。信息化建设特有的复杂性至少体现在三个方面：一是信息化渗透到各个领域和各个部门，领域或部门的差异决定了信息化项目的特征各异，某个领域或部门的信息化项目投资理论和方法对其他领域或部门可能并不适用；二是投资成本、市场环境和信息技术的高度不确定性使之难以进行评估和把握；三是信息技术项目投资是一个多阶段、多层级的连续性资源配置行为，信息技术是各行各业以及各部门运作与管理不可或缺的平台，在客观上决定了信息技术项目投资的这种连续性。很显然，在投资决策不当的情况下想要获得期望的回报和收益通常难以如愿。因此，如何在考虑信息化建设特有的复杂性前提下做出科学的投资时机选择是亟待解决的实践难题。

学术界对信息技术项目投资问题也一直保持高度关注。但是，直接以信息技术项目投资决策为研究对象的探讨还相对较少，现有文献大多沿袭"以评价带动管理，从管理中提升投资收益"的思路，从信息化的水平和绩效两个取向开展评价研究，以评价的结果为依据来辅助决策和管理。信息化水平和绩效评价的研究思路契合实践管理的模式，其理论成果对于指导和监控信息系统和信息技术的具体建设大有裨益。例如，硬件和软件设备的购置、信息技术人员的培训、业务流程的重组、客户服务质量的改进以及信息化管理制度的完善等措施和操作，都能从评价结果中获得直接或间接的根据和指导。然而，仅依靠评价的理论和方法来解决投资决策这一难题还不够。鉴于此，本文以信息化项目为着眼点，选择云服务下信息化项目投资决策为研究对象，切中实践中的难题，具有重大的理论和实践意义。

本文中的信息化项目是指企业用于辅助管理运维的非生产技术的信息系统与信息技术项目，如管理信息系统和制造执行系统等。依据规模划分，信息化项目可分为大型项目和中小型项目，前者是指类似政府上网的大型工程，后者是指企事业单位中管理信息系统建设以及信息化产品开发等活动。当然，项目规模没有绝对的量化标准，大型项目经过分解后就形成中小型项目。本文重点关注中小型企业所实施的以软件即服务为主的云服务信息化项目。

理论层面上，本文拟对中小型企业进行信息系统升级后各方面管理运维能力和直接经济效益升级指标的分析，探讨信息化升级对企业生产经营能力的提升主要体现在哪些方面，将这些效益提升的因素设立为企业升级效益指标，进而研究这些指标在信息化升级后的提升程度，以及不产生直接利润的运维管理能力的提升如何促进经济效益提升。剖析云服务新形势下，企业从业者的多重身份，针对使用者的技术获取型的信息系统与信息技术升级项目，以信息化升级效益指标作为企业进行信息系统或信息技术升级项目的回报函数，构建不确定环境下信息化升级项目投资决策框架。针对技术研发型的信息系统与信息技术研发项目，分析总结现有模型的优势和不足，结合云服务的具体特点，构建竞争环境下的信息化项目研发投资决策框架，丰富信息技术项目投资理论研究，提升信息技术项目投资理论研究的科学化水平。

在实践层面上，研究结论能够辅助各类决策者对信息化项目的投资做出科学决策，降低信息技术项目投资风险，减少组织成本，提升信息化建设绩效水平，以获得高额的总体投资收益，进而提高企业的竞争优势。根据对研究得到的定理和规则进行总结和梳理，可以探索云服务下企业信息系统与信息技术项目从研发直到购买使用整个路径下，各类决策者应当注意的机理和规则，将这些规则、原理以及决策路径引入决策支持系统，辅助企业经营者做出合理的投资决策。

1.2　研究方法与研究思路

1.2.1　研究方法

研究方法主要有三个层面，这三个层面互相贯穿，形成完整的研究体系。第一层面为：理论研究与数据获取。首先通过文献积累，找到支撑本书深入开展的理论方法；然后，通过问卷调查等方法，获取组织真实的一手数据，并辅以数理统计的方法技术，对数据进行整理、分析，为进一步研究提供可靠的数据支持。第二层面为：多方法多技术的模型构建。信息系统和信息技术云项目有着区别于传统建设项目的新特点，为了更好地拟合实际环境，构建可靠性高、适用性好的选择模型，需要引入跨学科的方法技术，突破原有理论在信息技术项目投资研究上的局限性。第三层面为：结果归纳。本文是探索性研究，力求研究成果为信息化领域的深入发展提供新的方向、新的思路，因此需要对各部分研究内容成果进行科学归纳和整理，形成信息技术项目投资研究的指导模式。具体理论方法如下：

（1）文献研究。研究在笔者前期工作的基础上，进一步补充了大量的新发表的国内外文献，探索所需要的较适宜的理论支撑和可行方法，为进一步的探索和创新奠定理论基础。

（2）问卷调查。根据研究的需要，对于无法直接获取的各类数据，根据文献研究总结和专家意见，建立相应的调查问卷，并形成对应的量化准则。为了保证数据的有效性和真实性，我们选择信誉良好的问卷公司辅助问卷调查的实施。

（3）数理统计。首先，对于问卷搜集的一手数据进行清理，保留有效数据，并对有效数据进行效度分析和描述性统计。然后，采取因子分析的方法对数据进行降维，构造潜在变量，以上这些过程利用 SPSS 软件实现。然后，应用结构模型方程的方法对各组指标的作用关系进行分析，这一过程通过 AMOS 软件实现。

（4）不确定投资理论。基于信息系统与信息技术云的使用特点，考虑到信息化项目未来价值的不确定性，假设项目预期回报服从多重的几何布朗运动，引入实物期权的理论表示项目的期权价值，应用动态规划的手段进行求解，最终形成信息系统与信息技术升级项目的多期投资决策模型。

（5）动态博弈。基于信息系统与信息技术云服务的研发与销售特点，应用动态博弈的理论，建立生产、研发两阶段动态博弈模型。忽略单位可变成本，考虑产品的异质性，以及完全竞争环境中双寡头企业的不对称性，最终得到信息化研发项目的投资决策模型，并应用 MATLAB 软件对模型进行推导。

（6）算例分析。完成信息化升级项目和信息化研发项目的投资决策模型的构建后，通过算例研究对模型中的各要素对项目价值的依赖性进行分析，探索各要素对信息化项目投资行为的影响过程。此项工作利用 MATLAB 软件进行实现。

（7）结果评价。对各项研究的结果进行归纳总结，梳理信息系统与信息技术云从研发到实施整个过程中的投资决策机理，分别站在信息系统、信息技术云供应商和使用者两方的角度形成可遵循的投资决策路径及投资时的定理和准则。

其中，研究方法（3）、（4）、（5）是本书构建云服务下企业信息技术项目投资决策的主要手段。对于进行信息化升级的企业来说，信息化项目区别于传统建设项目和生产项目，其项目价值往往不是直接经济利润，而是对企业整体管理、运维和盈利能力等因素的提升。这导致信息化升级后，效益提升作用于经济效益和非经济效益等多方面。构建信息化项目投资决策模型，首先要对项目价值进行准确评估。对于信息化升级项目，首当其冲的就是分析项目回报变量之间的关系，即各类信息化升级效益，以及这些效益间的作用过程，从而探索信息化升级项目价值评估的有效途径。由于信息化升级项目回报是多方面的，不同回报变量间又存在着互为因果、互为前提的关系，导致简单的路径分析和描述统计无法准确评估他们之间的影响过程。为此，本文选择结构模型方程理论来探讨信息化升级项目的效益。

不确定投资理论是评估项目价值、探索项目决策中定理和准则的有效手段，并且在信息化领域已经取得了一定的应用。在本书第 2 章中有详细论述，其在各领域内良好的扩展性和适用性可将云服务对信息系统和信息技术产生的新变革充分体现在模型中，区别于传统的信息化评价研究。针对项目价值的评估方法更具直观性和针对性，因此，选择不确定投资理论来构建云服务下企业信息化升级项目投资决策模型是可行且适宜的。

博弈论与信息经济学，一直以来是解决面向市场的投资问题的有效手段，其在各行业内都已经积累了丰富的理论成果和实践成果，尤其在信息化领域内，动态博弈理论针对软件行业投资决策问题的研究已经达到了一定深度，可以作为本研究中构建面向市场的企业信息化研发项目投资决策模型的理论基础。然而，由于云服务对信息化产业产生的影响，在基于实际市场构建模型时，还存在很大的提升空间，这也是本研究的创新和改进所在。因此，选择动态博弈理论来构建云服务下企业信息化研发项目投资决策模型是可行且适宜的。

1.2.2 论文研究思路

针对云服务视角下的企业信息技术项目投资决策问题，本书将信息化产业看作一个有机整体，从企业从业者的角度出发，剖析新市场环境下企业的多重身份，探究企业信息技术项目投资决策路径，分析这个有机系统内的基本结构，找到解决这一问题上的三个关键点，即：云、企业信息化升级的价值和企业角色。对这三个关键点逐一研究，归纳梳理研究结果，形成云服务下企业信息技术项目投资决策路径。见图 1-1，这三个研究关键点间的逻辑关系如下。

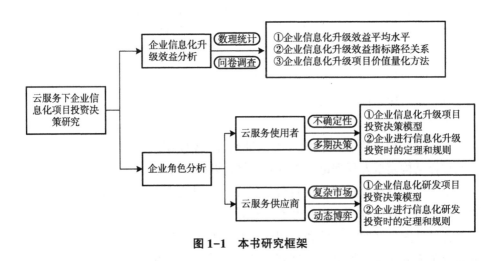

图 1-1 本书研究框架

（1）云服务下企业信息系统和信息技术的新变革，是研究展开的基础先决条件。云计算的引入对企业信息系统和信息技术带来了根本性的变革，这些新变化直接反映在企业信息技术项目投资决策的整个路径过程中。企业信息技术项目投资相关研究，大多源自实物投资理论，云计算的应用使得企业信息化项目与传统实物项目出现了本质的区别，原有的理论和模型不再具备良好的适用性和可靠性。适应于云服务下信息技术项目投资的模型及理论研究势在必行。

（2）信息化项目价值的有效量化是企业做出最佳投资决策的重要依据。本文探讨了信息系统和信息技术云服务供应商和使用者的投资决策问题，分析了信息化升级对企业各项生产经营和管理运维能力的提升水平，以及这些能力间的相互作用关系，为信息系统和信息技术云使用者的云升级项目价值的量化提供科学依据。这也是投资模型构建的理论基础。

（3）随着科技的不断发展以及信息化市场的日趋成熟，企业在市场活动中所扮演的角色也越发复杂。企业不再仅仅作为供应商或者用户，而是出现了供应商、用户等多重身份。在这个复杂的情形下，分析企业信息化的投资决策问题，首当其冲的就是要把复杂的问题简单化，通过系统分解，分别研究组成这个复杂系统的基本结构，进而明晰整个复杂系统的作用机理。

综上所述，本文研究的三个关键点，就是现阶段企业信息技术项目投资决策时所面临的复杂问题的有机分解。明确系统中各个组成部分的作用机理，才可以有效地对复杂系统进行整体研究。其研究成果在理论上，构成企业信息系统和信息技术云项目投资决策路径的主要模块；在实践上，决策者可以根据自身情况，对这几个模块进行有机组合，得到企业信息系统和信息技术项目投资决策的综合模型。

1.3　研究目标与内容

1.3.1　研究目标

云计算理念的广泛应用，从根本上改变了原有信息系统与信息技术的研发、实施与后期运维规则，这使得我们在进行信息技术项目投资时，不能再过分依赖传统的模型，而要充分考虑云计算这一信息化实施和应用的新特性。本研究的目的旨在探索信息系统和信息技术项目价值的量化方法，对云环境下企业的多重身份进行有机分解，分别从云使用者和云供应商的角度构建投资决策模型，形成可靠的投资决策路径，为企业的信息化项目投资提供科学有效的决策支持。

首先，通过大量的文献研究，对云服务下信息系统与信息技术的研发、实施、销售、使用、购买、维护等活动进行梳理，总结云服务下信息系统和信息技术研发和实施的新特性。其次，对我国的中小型企业的信息技术项目投资升级效果进行问卷调查，获取企业进行信息系统升级后，各项运维管理能力和生产经营能力的提升水平，分析这些因素间的路径关系，探究信息化项目价值的量化方法。再次，基于上述研究结果，构建信息系统与信息技术云升级项目投资决策模型和信息、信息技术云研发项目投资决策模型，分别站在用户和供应商的角度为企业提供决策支持。最后，对研究结论进行梳理，得到科学的信息系统与信息技术云供应商和用户的投资模型组合，以及投资过程中相应的定理和准则。

1.3.2　研究内容

围绕着研究思路的三个关键点，本文按照"信息化项目升级效益因素分析→（云用户）信息化升级项目投资决策研究→（云供应商）信息化研发项目投资决策研究"的主线进行展开。

（1）信息化升级效益因素分析。本文根据专家意见，在大量文献研究的基础上，确定了企业进行信息化升级的效益指标，即企业对信息系统进行升级后，得到提升的管理运维能力和生产经营能力，进而建立调查问卷，获取一手数据，并进行整理分析，得到了我国 700 余家企事业单位的信息化升级效益水平。在数据处理过程中，主要使用的方法分别为描述性统计、信度分析、因子分析以及结构方程模型分析法。

首先，对收集到的数据进行信度分析，确定数据是否可用于信息化升级效果的分析评价，确定信度可靠后对数据进行描述性统计分析，研究各项升级效益指标的数据结构。其次，将这些升级效益指标分类为直接体现在成本和利润流的直接经济效益指标以及体现在企业管理运维能力的间接经济效益指标。然后，对这两组指标因素采用因子分析的方法进行降维，构造出相应的潜在变量。最后，应用 AMOS 软件对各个潜在变量，以及各潜在变量与其观测变量间的作用过程进行研究，得到信息化升级效益各潜在变量以及观测变量间的路径关系，探讨信息化升级项目价值的量化方法。

（2）信息化升级项目投资决策研究。首先，站在信息系统与信息技术云用户的角度，对云服务下信息化升级项目的具体特点进行分析，明确项目投资的目的。根据研究结果，企业进行信息化升级时，可能带来多方面管理运维能力的提升，进而作用于企业的利润流和成本过程，所以不能把信息化升级后的回报看成单一的回报。因此，我们选择不确定投资理论来构造回报多重不确定性的项目价值函数，对项目投资的期权价值进行分析。其次，建立投资选择模型，探索信息系统与信息技术云项目的最优期权价值和最佳投资时点。最后，对模型进行算例分析，研究模型中各要素间的相互依赖性和模型的有效性，进而总结云服务使用者进行信息系统与信息技术升级项目投资决策的基本步骤以及投资时的定理规则。

（3）信息化研发项目投资决策研究。首先，站在信息系统与信息技术云供应商的角度，对云服务下信息系统研发项目的具体特点进行分析，明确项目投资的目的，确定投资的回报函数。其次，根据信息系统与信息技术研发项目面对复杂市场环境的特点，分别从对称双寡头和非对称双寡头两种博弈情况，在成熟市场和新兴市场两种市场共存的环境下进行研究。同时，依据信息系统与信息技术云通过软件提供服务，不再有单位成本以及产品异质性增加的新特点，构建两阶段动态博弈模型。再次，分别对各种情况下的博弈结果进行分析，搜索纳什均衡策略。最后，对模型进行算例分析，同时探讨模型中各因素的作用机理。总结云服务供应商信息化研发项目投资决策的基本步骤以及投资的定理规则。

本研究的主要目的旨在构建云服务下企业信息化项目的投资决策模型，而供应商和用户企业则是信息化产业中企业的基本单元。完成云服务下企业信息化项目投资决策模型的构建，需要从基础单元入手，对这两个基本单元进行的投资决策行为进行有效分析，分别构建针对二者的投资决策模型，从而形成信息化项目投资决策模型的基本框架。

研究关键点（1）和（2）是构建云服务下企业信息化升级项目投资决策模型的主要途径。信息化升级项目价值难以量化的问题一直困扰着信息系统与信息技术的使用者，项目价值的度量是构建信息化升级项目投资决策模型的先决条件，而研究（1）就是对项目量化方法的探索。因此，研究（1）不仅从整体层面上对企业信息系统与信息技术升级效益进行评估分析，其路径结果更是企业信息化升级项目投资评价的理论依据，研究（2）就是在此基础上构建云用户的信息化升级项目。

研究（3）是构建信息化研发项目投资决策模型的主要途径，在于为信息系统与信息技术研发者提供进行投资决策的有效手段。研究（2）和（3）分别是信息化产业中，两个基本单元的投资决策模型研究，它们共同构成企业信息化项目投资决策模型体系。

本书共分为 7 个章节。第 1 章为绪论，主要说明本书的研究背景、研究意义、研究思路与方法、研究目标与内容等。第 2 章为本书研究的主要问题以及相关理论方法的国内外研究情况综述。本部分对信息技术项目投资领域的研究成果和云计算的发展和应用现状进行了归纳，总结了问题研究的关键点和解决问题的有效手段，为后续研究提供了坚实的理论基础。第 3 章为相关研究理论和方法综述，是本研究所涉及方法和理论的简述。第 4 章专注于企业信息化升级效益研究，构建信息化升级效益指标体系，探究各个指标间的作用关系以及管理运维能力的提升对企业盈利能力的促进过程，为企业信息化升级投资决策问题的深入研究奠定基础。第 5 章和第 6 章分别从企业多重身份中最基本的两个角色，即供应商和使用者的角度出发，构建企业信息化项目投资决策模型，总结得到企业进行投资决策时的定理和准则。第 7 章为本文的结论，对本文的研究成果进行系统归纳梳理，总结本书的贡献，梳理本书的不足，并对未来研究提出展望。其中，第 4、5、6 章是本书的核心部分。参考文献的编排是按研究理论发展排列，并与正文中文献应用的上标一一对应。

2

云计算与信息技术项目投资研究综述

随着信息科技的飞速发展，信息系统和信息技术已经渗透到了各行各业的企业和组织中，信息技术对经济增长的促进作用越来越强[1]，① 信息化升级和创新已经成为企业提高竞争力的重要途径。然而，信息化建设的高失败率和信息化科学投资决策方法的相对缺失一直困扰着实业界。与此同时，云计算已经成为企业信息化未来发展不可阻挡的趋势，这一技术的推广使得企业信息系统与信息技术的研发、使用和后期运维等整个过程发生了巨大的改变。云计算在资源节约、成本控制、使用快捷等方面的显著的优越性，使得信息技术云与传统信息技术相比已经出现了明显的不同。企业信息技术项目投资收益不甚理想的一个根源在于，信息化建设的复杂因素在很大程度上导致了投资的盲目性，这种盲目性的一个重要和关键表现就是投资时机的选择缺乏科学依据与指导。此外，云服务等新兴信息技术对信息化建设的改变，使得原有模型理论不再具备很好的适用性。很显然，在投资时机选择不当的情况下要想获得期望的回报和收益通常难以如愿。因此，如何在考虑信息化建设特有的复杂前提下做出科学的投资时机选择，是亟待解决的实践难题。

　　本文首先对云计算理论的发展和应用进行梳理，总结云计算服务的具体特征，重点关注广泛应用于信息系统与信息技术的软件即服务的优势，归纳出云服务下企业信息系统与信息技术的新变化，并提出相应的量化方法，从而为决策模型的构建奠定基础。本书从信息技术项目投资的主要研究领域出发，参考大量文献，对现有信息技术项目投资评价理论进行总结，探索适用于云服务下的信息技术项目投资理论方法，为研究提供扎实的理论基础。

2.1　云计算应用的发展历程与研究现状

2.1.1　云计算的萌芽与发展

　　云计算（Cloud Computing）是近年来一种新型的资源共享的架构方式，其中的软件、硬件和平台等各类信息技术资源都可以通过云服务的形式提供给用户。随着云计算在 2007 年正式进入市场以来，不管是国外还是国内，云计算在各行各业中都得到越来越广泛的应用，已经成为信息化发展的重要

---

　　① 本书注为书后注。"［1］"为本书参考文献（144 页）中的序号，余同。

趋势。

云计算的概念是由国际商业机器公司（IBM）在其 2007 年的《云计算计划》中正式引入的[2]，IBM 公司在其技术白皮书中对云计算有一个初步的定义：

"云计算不仅是一个系统平台，也可以是一类应用程序。一个云计算平台可按照用户的需求对各类资源进行动态地部署、配置、再配置以及取消服务等。云平台中的服务器可以是物理的服务器也可以是虚拟服务器。高级的云计算通常还涵盖许多计算资源，例如存储区域网络、防火墙、网络设备等安全设备。"

云计算服务可以理解为一种终端用户通过网络对各类资源进行获取访问的互联网应用程序。云计算供应商通过高性能的服务器和大型数据中心完成这些数据资源的运转，从而为消费者提供服务。自 IBM 后，各大主流信息技术公司如亚马逊、谷歌等也纷纷推出自己的云计算平台，并出台了对云计算服务进行描述的白皮书。

目前受到广泛认同并具有权威性的云计算定义是由美国国家标准和技术研究院（NIST）于 2009 年所提出的[3]：

"云计算是一种可以通过网络接入虚拟资源池以获取计算资源（如网络、服务器、存储、应用和服务等）的模式，只需要投入较少的管理工作和耗费极少的人为干预就能实现资源的快速获取和释放，且具有随时随地、便利且按需使用等特点。"

梳理整理文献[4]-[7]，我们对云计算应用在全球范围内的萌发和发展，以及这项技术在我国的发展历程进行总结。

云计算这一理论的形成离不开亚马逊 EC2 产品与 Google-IBM 分布式计算的支持。云计算（cloud computing）这一单词的命名，也和以上两个项目以及网络之间存在着不可分割的关联。在大量示意图中，"云"主要体现为互联网，这一名称最初的定义便是把计算功能与互联网有效结合在一起进行处理。

该单词正式诞生前，已有企业和学者为其理论雏形的形成做出了奠基性的贡献。分布计算可以被称作云计算下高性能计算能力的先驱。早在 1984 年，作为美国太阳微系统公司（Sun）负责人之一的约翰·盖古（John Gage）便率先提出"网络即电脑"这一定义，并对分布式计算技术创造的全新时代进行说明。之后，1996 年网格计算诞生，网格计算也是高性能计算的一种计算形式，它的发展对于云计算的实现具有积极的引导作用。1997 年，南加州大学首次在学术界对这种云的理论形式进行阐释，同时指出计算范围不一定用技术限制划分，也能够结合经济有效性进行处理。在此之后的几年里，很多公司都对云计算的发展做出了里程碑式的贡献。比如威瑞集团建立且率先运用虚拟模式进行云操作，而马克·安德森（Marc Andreessen）建立的 LoudCloud，则属于首例商业类 IaaS（Infrastructure as a Service，IaaS）平台，之后，还有 Salesforee. com 公司和 SaaS（Software as a Service，SaaS）的"软件终结"等新创新。

2006 年，亚马逊公司（Amazon）在 Amazon Web Service 云计算平台上建立实时存储服务 S3 与弹性计算云 EC2 等一系列产品。这是第一个建立起来的云计算平台，也是云计算发展中重要的里程碑，并引发了这一领域的首个研发浪潮。虽然 EC2 在云计算领域有着至为关键的意义，但因为此时亚马逊企业规模不大，相比此后慢慢壮大的 IBM-Google 并行计算体系而言，其推出的 EC2 产品并没有得到很好的宣传与推广，因此并未被公众所熟知。尽管在云计算刚起步的阶段，亚马逊并没有进行过多的推广，然而在云计算不断完善的后期，该公司无论是在技术上还是市场影响力上均远远超过曾经鼎盛一时的 IBM-Google 联盟。

2009 年，云计算在世界范围内并没有占据过多的市场，只有 160 亿美元。但此时，云计算已经进入了加速增长阶段。各国政府与信息技术企业纷纷展开合作，共同拉动云计算跳跃式的发展。政府行为往往都能带动整个产业。在世界信息化时代的来临以及云计算的影响下，谷歌、IBM、微软等大型企业逐渐开始关注云计算与虚拟化技术的结合，通过软件引起硬件的发展，确保资源利用率最大化和有效投资，以取得更高的收益。

至 2013 年，世界范围内云计算产业规模已经达到 442 亿美元，而在以后的 4 年内，这一产业以每年 26% 的速度增长。如同其他领域，云计算必定会出现导入期、成长期、成熟期以及衰退期这一过程。而这一领域相关人员一致表示，世界范围内，这一技术正处于成熟并逐渐普及的时期。

目前，云计算在世界范围内已经受到各国政府的逐渐重视。美国十分注重云计算项目，由此让商业、社交媒体以及生产力应用有效结合在一起。2010 年，《欧洲 2020 战略》中便下达了开发与普及这一技术的指令。德国确立了《云计算行动计划》，英国进行了"政府云战略（G-Cloud），日本政府建成大型云计算操作设备用以确保政府各个数据系统均能正常使用，韩国也确立了《云计算全面振兴计划》。

2014 年，在世界各国相关公司云服务投资中，SaaS 服务（软件等同服务）在市场拥有最大的比例，为 49%，IaaS（基础设备等同服务）、PaaS（平台等同服务）分别占据 28% 与 18% 的份额。

全球在云计算领域内的研究和发展仍然在不断推进。美国大量企业和组织利用政府给予的大量支持已经实现了云计算技术应用的重大进步。美国卫生部以及劳工部很早便已采取 Office 365 服务进行实务处理，把政府信息资料储存在云端。美国国防部将政府保密资料交由亚马逊公司管理，美海军则选择戴尔公司为其提供建立在云上的电子邮件服务，AWS（Amazon Web Services，亚马逊云服务）则成为首家拥有商业类云服务的公司。

欧洲在这种趋势的影响下也开始发展云计算技术，这和欧洲十分注重信息的保密性标准也存在关联。2014 年起，欧盟开始将更多关注放在这一领域，在大量公司、医院、政府机关开始以云计算服务进行处理后，大笔的投资也随之涌进这些产业。目前欧洲 2 000 多万家中小规模公司中，超过八成的公司正在普及或已经普及云服务的应用。

国际上使用这一技术的公司数量逐渐上升。2013 年 69% 的公司将企业应用的管理运维工作置于云端实施操作，在 2012 年基础上增加了 12%。云服务及时更新、效率高、投资少的优良特性直接推动着公司运用云计算的脚步。

随着时间的推移，云计算领域的竞争经过时间的推移开始转向行业生态体制的竞争，云服务提供商开发了更多的业务，随着这一市场的竞争也越来越激烈，最终演变成价格方面的比拼。2014 年，谷歌、微软等公司开始降低服务价格，力图通过价格战来获取更多的市场份额。目前，我国的云服务商也随之开始实施这一策略。

云计算在我的发展历程主要从 2008 年开始。2007 年后，随着 IBM 等大型信息技术公司对云计算的大力推广，这项技术在国内得到了越来越多人的重视，大量信息技术公司着手进入这一领域。和国外对比，国内云计算发展时间尚短，然而提升速率极其迅猛。至 2008 年，我国已经先后建立了多个云计算中心，政府对云计算的发展保持着鼓励和扶持的态度，意在增强科技创新力，提高云计算发展的自主创新能力。2008 年 5 月，IBM 开始进军中国市场，于无锡太湖新城科教产业园开设首例云计算基地。2008 年 6 月，该公司于北京开设第二家云计算基地——IBM 大中华区云计算机构。2008 年 11 月，广东电子工业研究院和东莞松山湖科技产业园相关组织订立合同，前者以 2 亿元经费于东莞松山湖地区开设云计算平台。2008 年 12 月，阿里巴巴下属企业阿里软件和江苏省南京市政府成为 2009 年战略合作伙伴，在 2009 年于该地区开设首家"电子商务云计算中心"。

政府的扶持进一步促进了云计算与我国产业的结合发展。2010 年，国内已经把这一产业规划为国家主要关注与提升的战略性新型行业，工信部、国家发改委等组织选择北京、上海、深圳、杭州、无锡等五个城市推行云计算，由此开始，标志着国内云计算领域将开始朝着实践方向发展。2011 年，国家发改委、财政部、工信部授权使用国家提供的研发资金完善云计算相关技术，投资的资金超过 15 亿元，第一笔资金提供至北京、上海、深圳、杭州、无锡 5 个城市的 15 个示范基地。2012 年《"十二五"国家战略性新兴产业发展规划》正式实施，把物联网与云计算服务确立成国内"十二五"期间最主要的项目之一，确保云计算的快速发展。

至 2014 年，我国公有云市场份额超过 68 亿元。不仅如此，随着云计算的快速进步，其他信息化有关行业也取得了不同程度的进步。结合工业与信息化机构提供的资料，软件率同服务平台（SaaS）占有的市场比例最高，达到 70%；基础设施服务（IaaS）是 20%，但每年上升速率达到 100%，属于国内这一市场发展最为迅猛的产业；平台服务（PaaS）市场份额则相对较少，仅占 10%。

近日工信部正式推行"十三五"方案，借此让云计算获得更好的发展。今后数年内，国内云计算领域将偏向于打造领军公司，建立系统全面的行业链；支持大规模公司兼并重组，统一资源；利用领军型公司的影响力推动这一行业的进步，建立相关产业链。

2.1.2　云计算应用的研究现状

要研究云服务下信息系统与信息技术项目投资决策问题，云计算的发展历程是不可忽略的重要部分。云计算自 2007 年正式进入大众视野后，不论是在学术界还是在实业界中都得到了广泛的关注。国内外专家学者围绕着云计算的实施、使用、部署和定价展开了一系列的研究。云计算早期（2008—2011 年）的研究主要集中在云计算的定义和应用实例分析。而最近几年

（2012 年至今）的研究方向则集中于云服务的部署实施和资源配置，以及云服务的定价上。

云计算的理论被推广后，就被学者们认为是未来社会发展的重要保障之一。一些学者（Buyyaa，Yeoa 和 Venugopala 等人）将云计算定义为第五类公共事业（水、电、煤气和通信为前四类），认为这项技术在未来是必需的，可以用以满足社会生活的基本需求[7]。一些学者（Grossman，Gu 和 Sabala 等人）基于云计算的理念，提出建立一个优化的、广域的、高性能的网络，用以支持数据挖掘应用，并且开发出相应的云基础架构，这些基础设施包括存储云、数据云和云计算；他们认为云是一个可以在互联网上提供资源和服务的基础设施。存储云主要提供存储服务（数据块或文件基础的服务），数据云主要提供数据管理服务（基于记录的列式或基于对象的服务），计算云提供计算服务[8]。陈康和郑纬民系统地阐述了当时云计算的应用实例和研究现状，从理论和应用两个方面对云计算的定义和应用进行解释，并预见性地提出云计算在未来会成为学术界和工业界的研究热点[9]。陈全和邓倩妮对云计算技术的发展历程和应用实例进行了研究，以谷歌的云计算平台为例，总结了云计算的几项关键技术，即存储技术（Google File System）、数据管理技术（Big Table）、编程模型和任务调度模型（Map-Reduce）等。他们系统分析了云计算与传统超级计算的差异，比较了云计算的优势，认可云计算未来的广阔发展[10]。

云安全的问题也开始渐渐进入人们的视野。艾佛瑞特（Everett）较早研究了云安全的问题，指出目前信息安全计划的优势和不足，针对安全的需求，云计算服务需要在三个层面上得到云供应商认证，即技术、人员和流程。同时，她还提出了在未来创建一个独立第三方来维持公众对信息技术交付模式的信心的构想[11]。冯登国、张敏和张妍等人分析了国内外云安全发展过程，总结了云计算目前面临的 3 大挑战与云计算的应用和研究现状结合，提出了云计算的安全技术框架以及相应的关键安全技术，并认为云计算安全问题的解决需要企业、政府以及学术界的共同努力。政策的制订、技术的提升、严格的监管都不可或缺[12]。有国外学者（如 Paquette，Dan 和 Taylor 等人）也分别针对云安全的问题，从政府和私人角度进行了讨论[13]-[15]。罗军舟、金嘉晖和宋爱波等也较为完善地对云计算的体系结构和技术框架进行了阐述，介绍了云计算数据中心的架构以及与其相适应的资源虚拟化技术，并对于云计算在大规模数据处理方面的资管管理和调度的优势进行分析，提出了云计算服务保障、质量安全以及隐私与安全的保护方案[16]。林闯、苏文博和孟坤等从云计算架构、云计算机制和模型评价三个视角对现有的研究成果进行梳理，基于可信系统系统设计理念，提出了"可管、可控、可度量"的云计算安全架构模式，并提出了部署方式和模型方法对理论提供支持[17]。

随着云计算技术的进一步成熟，云计算在市场中的应用进一步扩大，云计算的实施框架已经具备了成熟的流程，相应的实例已不再罕见，技术的成熟使得云计算的安全得到进一步的提升。近年来云计算的文献大多数的文章可以归类为验证研究型（64%），其中基础设施即服务（48%）是最大的研究重点领域，其次是软件即服务（36%）。云服务的定价、资源配置与部署逐渐成为近三年云计算领域内的研究热点。"QoS"（Quality of Service，软件质量服务）和"Pricing"（定价）成为云计算近期研究的两个关键词。

在云计算的定价方面，国内外文献主要集中在 2013 年以后。黎春兰、邓仲华和张文萍选取谷歌、亚马逊、微软 3 家典型的云服务供应商进行研究，发现云服务供应商在对服务进行收费时，往往是将云服务的定价模型与服务内容结合起来联合定价的。因此，同样的服务内容，针对不同的定价方式，会得到不同的价格，存在价格歧视[19]。陈冬林、陈玲和马明明等人从云服务供应商利润最大化角度出发，提出了 3 种定价模式，并通过算例对模型的有限性进行证实[20]。肖鹏和胡志刚对联合弹性云系统中的资源配置和供给问题进行研究，用二阶段混合博弈的理论探讨了资源批量交易时的协商问题，并通过实验证实混合博弈能够高效解决大批量资源的协商效率，减少协商导致的延迟[21]。袁泽凯、葛世伦和王念新利用 BSM 定价模型和符合摩尔定律对基础设施即服务提出两种定价方式：使用定价和认购定价的方式[22]。巴尔斯、卡德卡和史蒂夫诺娃（Baars，Khadlcaa，Stefanova）等考虑制定一个基于云计算过程中的各种因素的计费模式。他们认为影响云服务扣费的主要八大影响因素分别是：准确，成本，透明性和可理解性，可控性，可测性，可预测性，问责性和可比性，可接受性和有效性解释[23]。

尽管云服务可以为用户提供很大的便利，但是与云计算服务相配的设置有时不能满足云服务的提供标准，例如宽带服务的质量。由于宽带服务在不同地区的质量不统一，云服务的定价和部署必须将这种非均匀性考虑在内。巴苏、卡波提和什玛（Basu，Kraborty 和 Shrma）对云计算的资源分配问题进行研究，采用空间几何的原理，基于通过云服务顾客的效用建立了一个二位模型，用于辅助云服务供应商进行最优定价策略。其中，第一矢量是一组提供给客户的工具的资源参数。第二矢量是一组产生负面影响的参数[24]。贾夫德、布拉德斯沃斯和拉索尔（Javed，Bloodsworth，Rasool）等人发现，目前大多数供应商使用的定价方式，仍然是资源静态方案，动态定价机制可以更大限度地提升云服务提供商的收入[25]。吴良刚和周赛军分别从供应商和消费者两个角度对使用定价和认购定价的方式进行评估。其研究结果证明，通常认购机制定价的结果会好于按使用量定价的结果[26]。章瑞和汤兵勇基于双边市场的理论构建了 Hotelling 竞争模型，加入转换成本，探讨在对称双寡头垄断市场下云计算服务供应商的定价策略，并发现市场中存在着抢先占优的现象[27]。陈江涛从顾客感知的角度研究软件即服务定价问题，从消费者价值出发，将软件和服务在消费者可选择性上的不对等的特点以及软件部分和服务部分具有不同的边际成本的特点纳入了定价模型[28]。这些研究成果为云计算服务供应商定价模式的研究指出了新的方向。总之，越来越多的学者已经着手于云计算投资策略的制订和云计算定价问题的研究，而博弈论是解决云计算市场中竞争环境下投资策略的有效手段。

资源部署和实施也是近年来云计算应用研究的重点。刘万军、张孟华和郭文越应用改进粒子群的优化算法对云计算资源的调度策略进行配置[29]。林果园、贺珊和黄皓等对云计算环境下的网络安全问题进行了研究，通过基于行为的访问控制技术来动态调节主体的访问范围，实现 BLP 模型和 Biba 模型的有机结合，提出了可以保护云服务器端完整性和保密性的小型模型——CCACSM（cloud computing access control security model）[30]。谭一鸣，曾国荪和王伟研究了云服务系统中普遍存在的计算节点空闲以及不匹配任务调度所导致的资源浪费的行为，提出基于大服务强度、小能耗任务调度的策略。并通过实验对模型进行证实[31]。帕尔、潘和陈（Pal，Pan，Chen）等人分别通过博弈论对 QoS 对定价模型的影响进行讨论，并对云服务的供应商和消费者在服务质量上的要求进行研究，建立了一个混合模型来平衡两者的诉求。提出了一种可以有效地识别一个庞大而复杂的搜索空间达成协议的协商机制[32]、[33]。苏、瑞尔和李（Hsu，Ray 和 Li）用技术—组织—环境（TOE，Technology-Organization-Environment）的创新扩散理论的框架来讨论了云服务采用的模式、定价机制和部署模型，总结了现阶段云计算应用存在的问题：①云服务的采用率过低，尚处于起步阶段；②TOE 框架内的信息技术能力是云计算的采用显著的决定因素；③信息技术能力强大的企业往往选择随收随付的定价机制；④商业关注是影响部署模型的重要因素[34]。

综上所述，我们可以看出云计算近年来一直是学术界研究的热点。随着研究与探索的不断深入，困扰早期云计算使用者和研究者的问题已经得到了一定的解决。然而，还有一些棘手的问题急需专家和学者们的深入研究，这主要集中在：云服务的部署实施、资源分配以及云服务的定价。

针对云服务定价方法，移动运营商定价的手段被广泛借鉴，博弈论和期权理论是现阶段解决这一问题的主要途径。尤其是在信息化领域，云服务的应用越来越成熟，然而目前针对信息化领域的项目投资决策研究还未考虑到云服务的影响，尤其是 SaaS 模式下的研究文献更是少之又少。更重要的是，云计算应用及部署的研究和信息技术项目投资决策问题的研究明显脱节。

2.2　信息技术项目投资的相关理论研究简述

现有大量文献从信息化水平和绩效评价的角度对信息技术项目投资进行探讨，以此来评估信息化项目的价值。梳理信息化水平评价的研究脉络发现，评价层次可归为宏观、中观和微观三个层面。宏观和中观层面的信息化水平评价研究可以追溯到 20 世纪 70 年代波拉特提出的信息经济测度体系[35]，这种以国家、地区、城市和产业为测度对象的信息化评价实践和研究潮流一直到 21 世纪初才慢慢消退，测度方法和指标体系也多种多样[36]。

近年来，信息化水平评价多关注于企业层面的微观研究，并且很多时候将信息化水平作为信息化绩效的一个组成部分[37]-[39]。绩效作为一种有效的管理工具被频繁应用于企业信息技术项目投资评价，其基本思路是从信息化建设的投入、产出角度设计指标体系，以此为标准衡量信息化绩效，并对项目价值进行评估。现有大量的研究文献均是从这一角度出发。如学者皮尔瑞（Pieree）对企业的商业和信息技术战略的有效结合进行研究，其结果说明有效的信息化集合能够促进信息技术的投资回报和企业的绩效的提升[40]。汪淼军采用浙江企业的数据进行统计分析得出，大规模企业的信息绩效水平远高于小规模企业，信息化的长期绩效普遍高于短期绩效[41]。布斯比、杜佛和谭（Boothby，Dufour 和 Tang）通过检测普通的技术技能结合与生产力表现的关系，证明企业如果同时采用新技术以及投资技能会实现更高的生产力[42]。楼润平通过对沪深两市 76 家上市公司观察数据进行分析发现信息系统的采用对企业价值具有统计上显著的负面影响，证明在信息化升级过程中，不能单一考虑信息化的投入产出绩效，还需考虑信息化发展周期对绩效的影响[43]。卢和拉玛墨瑟（Lu，Ramamurthy）将信息技术基础设施能力、信息技术业务跨越能力、信息技术积极立场作为衡量信息技术能力的指标，将市场资本化敏捷与操作调整敏捷作为衡量组织敏捷程度的指标，研究信息技术与企业敏捷程度的关系[44]。万平通过数据分析得出在 50%~75% 的分位点上企业绩效与股权集中度呈显著正相关，且高管持股比例对企业绩效的敏感性较弱，并由此提供了提高企业绩效的相关建议[45]。克雷斯和奇韦洛斯（Kleis，Chwelos，2012）使用美国制造企业 1987 年到 1997 年的面板数据，检测各个背景下信息技术对于创新生产的贡献[46]。杨一平、马慧和张婀莉等结合 DEA 与投入产出研究分析思路，选取高绩效的企业建立基准企业库，并以此作为效率评价基准，分析在信息化投入和产出方面的水平和效率[47]。蔡和高（Chae，Koh）使用 2000 年以后的数据检测了信息技术能力与企业绩效之间的关系[48]。巴德罕和克里希南（Bardhan，Krishnan）使用托宾（Tobin）的 q 理论测量企业绩效，评估信息技术投资对研发项目投资的影响[49]。塞尔坎、沙曼和巴尔昆第（Serkan，Sharman 和 Balkundi）采用 Meta-analysis 的定量分析的方法对信息技术的商业价值的研究发现，信息技术的投资与公司的业绩成正比，信息技术投资的效果对大企业更明显[50]。

可以看出设计一套科学合理的指标体系是信息化绩效评价的前提和关键。对于信息化评价指标体系的研究，目前已经相对成熟。现有研究中常用的方法包括成熟度模型（左美云、陈蔚珠和胡锐先等[51]；马慧和杨一平[52]）；平衡计分卡（K. Milis 和 R. Mercken[53]；王铁男、李一军和刘娇[54]）；基于资源基础论（RBV）的信息技术资源理论（张嵩和吴绪永[55]）和数据包络分析（DEA）（杨一平和马慧[56]）等。然而，由于行业领域和研究方法的不同，信息化指标体系并没有一个统一的标准。过于细化的指标体系，对非同属行业不具备良好的适用性。

信息化水平和绩效评价的研究思路契合实践管理的模式，其理论成果对于指导和监控信息系统与信息技术的具体建设大有裨益。例如，硬件和软件设备的购置、信息技术人员的培训、业务流程的重组、客户服务质量的改进以及信息化管理制度的完善等措施和操作，都能从评价结果中获得直接或间接的根据和指导。然而，仅仅依靠信息化水平和绩效评价的理论和方法来解决投资时机选择这一关键性难题并不足够，甚至可能是作用甚微。尤其是信息化绩效评价的理论方法，往往集中在对投资效果的事中和事后评价，事前的研究还相对较少，且无法直观地表示信息化项目的价值，对企业信息系统与信息技术投资时机选择的指导性有限。

2.3　信息化项目的分类研究

梳理以上信息技术项目投资评价有关研究发现，这些信息化评价研究通常是针对某一个行业或区域，且制造企业居多。由于不同行业或区域的信息系统、信息技术需求及特点存在差异，针对某一个行业或区域的信息化绩效指标在其他行业或区域很可能并不适用。因此，为了提升研究的准确性和可靠性，我们需要对信息化项目特点和企业类别，进行进一步的甄别和分类。

项目是为创造一件独特的产品、一项服务或者一种结果而进行的临时性努力[57]。本文中的信息化项目是指利用信息技术或者以信息技术为主要载体，为创造信息化产品、提供服务或达到某种结果而进行的阶段性活动。依据规模划分，信息化项目可分为大型项目和中小型项目，前者是指类似政府上网的大型工程，后者是指企事业单位中管理信息系统建设以及信息化产品开发等活动。当然，项目规模没有绝对的量化标准，大型项目经过分解后就形成中小型项目。本文重点关注中小型信息化项目。

学者们（如 Silva，Costa）也已经觉察到由企业或者组织自身特点所导致的项目投资行为的不同，提出信息化评价和投资研究需要分门别类地进行[58]。施压茨和卡洛斯（Schwartz，Carlos）在研究信息技术领域的技术投资模式时，根据投资决策做出后收益流入时间的差异将信息技术项目分为技术获取型项目和技术开发型项目[59]。朱泽民和陈琛将信息化模式分为传统和新型两类，针对这两类的不同特点在成本、风险、个性化水平、质量及使用范围等方面进行比较[60]。卢淑静（2010）将信息化项目生命周期与客户介入程度作为匹配信息化项目模式的标准[61]。

此外，企业自身规模大小也会对项目投资决策产生显著的影响。根据赛迪顾问对我国信息化发展现状的研究，企业可依据规模大小、产值高低、员工人数等因素，分为大型企业和小型企业。表 2-1 中列出了赛迪关于划分大型企业和中小型企业的意见。在我国，中小型企业主要分布在长三角、珠三角等东南部沿海省市地区，在广州、上海等主要城市占比超过 50%[62]。

表 2-1 赛迪顾问有关企业用户的定义与描述

企业类别	定义
大型企业	大型企业指自产规模或者销售额从 5 亿元到 50 亿元的大型企业和自产规模或者销售额在 50 亿元以上的特大型企业
中小企业	中小企业是根据企业固定资产、年营业额、上缴利税和企业员工规模划分的一类企业形态，中小企业包括资产规模在 5000 万元到 5 亿元的中型企业和资产规模或者销售额在 5000 万元以下的小型企业

资料来源：赛迪顾问．中国中小企业信息化发展白皮书（2012）．

我们可以看出，在信息化项目建设时，技术获取型项目和技术研发型项目是信息技术项目的两大主要类别。这两大类别正与云服务市场下企业的供应商和使用者的双重身份相吻合，这为本书中研究内容的系统拆解提供了科学的依据。

信息化评价理论研究的往往是组织层面上信息系统与信息技术的使用效率。但是，当我们着手解决投资问题的时候，则需要考虑投入和回报的细节问题。企业自身规模大小、企业所处竞争环境、拟投资项目的具体类别等内外部因素，都是在我们研究中需要慎重考虑的部分。因此，本文将研究主体定义为中小型企业或者大型企业专项部门的中小型信息系统与信息技术项目。

2.4 不确定投资理论研究现状

根据本章对项目投资研究现状的分析可以发现，传统的绩效评价理论仍是信息技术项目投资领域解决问题的重要手段。但是这一方法对于信息化项目投资问题的解释还存在着一定的局限性。因此我们需要找到一种新的方法，不仅可以更好地符合信息系统与信息技术云项目投资的实际情况，更能够从定量的角度给出科学的决策依据。目前虽然在实物投资领域的研究方法众多，然而针对信息系统和信息技术的投资决策的研究，在国内还并不多见。目前广泛应用于实物项目投资的研究方法中，主要有学习曲线和实物期权的方法。例如，有国外学者（Dardan，Ngwenyama 等人）分别应用学习曲线问题探讨了软硬件系统的升级决策问题[63][64]。我国学者楼润平和杨德锋也利用学习曲线构建了组织计划升级信息系统时面临的两类决策情景及其对应的决策模型，提出了适用于两类决策情景下的决策方法[65]。然而，学习曲线的方法对于信息系统和信息技术云项目价值的描述，同样存在着一定的局限性。主要表现在其对于项目未来价值的假设过于理想，并没有考虑到信息系统与信息技术云项目回报的多重性和不确定性。而同样作为实物项目投资研究的热点之一的不确定投资理论，却可以很好地描述项目价值的复杂性。目前，不确定投资理论已经成为实物项目投资研究中应用最广的理论之一，甚至是在信息化相关领域中，也积累了一定的研究成果。

不确定投资理论近年来广泛应用于实物项目和金融产品的投资决策中。经济学中的"不确定性"和量子力学领域中"测不准"的理论有所区别，"不确定性"被用来描述在经济学中关于风险管理的概念，指经济主体对于未来的经济状况（尤其是收益和损失）的分布范围和状态不能确知，这一概念现已被广泛应用于哲学、统计学、经济学、金融、保险、心理学、社会学及资讯工程领域[66]。

关于"不确定性"的表述，可以根据所有可能的结果，套用概率密度函数来分析。风险则是可能出现负面效果或损失的"不确定性"状态。自 20 世纪 80 年代起，越来越多的学者开始关注不确定环境下的投资问题。最典型的就是针对不确定投资的研究[67]，相关论著成为近几十年来不确定投资领域的研究奠定了基础。引入了金融学中的价值波动的理论，假设项目未来的价值是一个均值回归、带跳跃的过程，应用几何布朗运动来对不确定性进行描述。然后，采用动态规划的方法，引入实物期权的理论，得到项目期权价值的贝尔曼方程，从而确定项目最优投资的期权价值。

学者们在迪克希特和平迪克（Dixit，Pindyck）的理论基础上，对实物项目投资的不确定性进行研究，把重点放在项目未来价值不确定性和直接影响项目价值的项目未来利润流的不确定性上，并把这一理论应用到各个实物投资领域，通过模型研究和实证研究的方法证明了这一理论的可靠性。

项目未来价值的不确定性，是不确定投资理论研究的基础，也是项目投资中最典型的不确定性，从迪克希特和平迪克的理论建立伊始就是不确定投资研究的重点，这一研究方法至今仍具有活力。余和徐（Yu，Xu）建立动态模型，定义并购项目未来价值的不确定性，并进行模型仿真，很好地模拟实际状况[68]。泽和斯宾勒（Zee，Spinler）对公共信息化创新项目价值进行评估，探讨了其中不确定因素对投资上限和下限的影响[69]。金和李（Kim，Lee）等将收益的方差看做随机过程和创新项目价值的方差的结合，用实物期权理论研究企业的最优投资时间[70]。洛尼格尼和莫雷尔（LoNigro，Morreale）将实物期权理论应用到创新领域，并用布莱克舒尔模型模拟药物价格的不确定性导致的项目价值的不确定性[71]。国内学者，使用不确定投资理论解决企业投资问题稍晚于国外学者，主要集中在 2005 年后，研究领域也主要集中在项目价值或项目未来利润流的不确定性上。如夏晖、曾勇设立了企业最优技术投资门限，并给出了企业采用时机的累积概率分布函数，为企业新技术采用的投资行为和新技术的扩散提供了理论支持[72]。蔡永明、关忠良和马红考虑到信息化项目的具体特点，即企业信息技术项目投资的最终回报并非直接的经济效益。应用实物期权理论，使用带有负漂移率的几何布朗运动表示项目价值[73]。张鸿雁、王真军和李学全研究了不确定的时间范围下含期权的最优投资决策，运用动态规划原理和随机分析的方法，解决对应的最优控制问题[74]。杨安洋和杨正勇采纳奈特不确定性来刻画风险，并在此基础上构建了模糊规避偏好和投资成本可逆条件下企业投资决策模型[75]。

然而，很多情况下项目价值是一个复合的因素，会受到诸如成本、项目未来利润流等多个变量的影响。由于这些变量之间并不是完全相关的，因此在进行项目价值评估时，部分学者选择对项目价值进行细化，从成本和未来利润流不确定性两个方面对项目价值进行评估。对于生产项目，项目未来利润流的不确定性主要由产品的需求影响。贝桑科和迪拉泽尔斯基（Besanko，Doraszelski）强调寡头企业不仅面临着需求的不确定性还面临着竞争者战略的不确定性，并试图构造寡头企业的存量资本决策模型，寻找资本投资马科夫完美均衡[76]。吉尔（Gil）使用 Cobb-Douglas 生产函数和等弹性随机需求方程，研究产品需求冲击的不确定性，并将这一不确定性用几何布朗运动进行表述[77]。科拉托和莫雷托（Corato，Moretto）在线性需求函数的基础上引入需求冲击，研究多寡头企业的短期、长期投资决策，用几何布朗运动模拟需求冲击；他们认为，外部不确定性包括收益、技术、市场等，内部不确定性包括成本、时间、使用等[78]。

与项目未来利润流相对，项目成本的不确定性也是影响项目价值的主要因素。帕克森和梅尔曼（Paxson，Melmane）也使用几何布朗运动表述收益，并假设不可逆成本双随机，以谷歌、雅虎（Google，Yahoo）的例子，解释多因素的实物期权模型[79]。李和李（Lee，Lee）使用实物期权分析评价 RFID 技术采纳，并引入梯形模糊数表述收入和成本的不确定性[80]。何沐文、刘金兰和高奇特应用不确定投资理论对自然资源开发项目的投资决策问题进行研究，定义项目投资中涉及的不确定因素为项目现金流、项目投资成本以及项目后期运营成本[81]。邢小强（2014）总结了国内外在创新项目中的研究成果，将不确定性定义为技术的不确定性和市场的不确定性，建立了基于实物期权的新技术投资评估决策模型[82]。蒂杰森（Thijssen）提出了项目投资中最主要的两个不确定因素就是成本和收入的不确定性，并把这个问题当做最优停的问题[83]。

在未来利润流和成本的不确定研究基础上，学者们对影响项目价值的不确定因素进一步深入探讨。技术的不确定性和市场竞争的影响也逐渐成为项目价值评估的关注点。技术的不确定性主要是由于新技术的到来，导致企业已采纳技术贬值，进而导致项目价值降低。杨海生和陈少凌定义技术的不确定性为负向突发事件，用向下的"泊松跳"的方式模拟，分别讨论了跳跃过程和非跳跃时间项目价值的随机波动[84]。马和格鲁布勒（Ma，Grubler）在研发项目投资时机选择研究中，引入技术学习的概念，即使用新技术的成本逐渐减少，定义项目投资的成本是不确定的，并用 S 曲线对成本进行表示[85]。彭宁斯和塞雷诺（Pennings，Sereno）分别用泊松跳和几何布朗运动表述技术不确定性和经济不确定性[86]。德拉塞塔和格里格利维茨（DellaSeta，Gryglewicz）通过区分企业的学习曲线类型，研究具有学习曲线特征的技术投资的最优时间、总量之间的权衡取舍决策，应用学习曲线表述边际成本不确定性、几何布朗运动表述需求冲击不确定性[87]。陈和马（Chen，Ma）研究了信息技术采纳外部不确定的驱动以及技术学习趋势的不确定，证实了投资期越长，新技术采纳越快[88]。泽和斯宾勒（Zee，Spinler）研究了公共的信息化创新项目中，不确定因素影响的投资的上限和下限的问题，重点分析了新技术的需求和研发成本的不确定性[69]。尤和杨（You，Yang）在传统的对称时间决策模型上，引入市场需求影响随机不确定性，研究技术换代对市场的影响[89]。

　　市场中存在的竞争情况同样是进行投资决策时不可忽略的一部分。组织所处环境中其他人的行为会对项目价值产生影响。针对不确定环境下的市场竞争问题，期权博弈理论是一个有效的手段。学者阳军应用这一理论构建了完全垄断下不变产出和可变产出情形下企业同时选择和序列选择的投资时机和投资规模的模型[90]。陈玉保采用期权博弈的方法对面临技术更新时的在位者和进入者的决策行为进行了深入分析，探讨不确定性需求和沉淀成本压力对技术应用的影响[91]。梅森和维茨（Mason，Weeds）在实物期权模型中引入博弈论中的领导者—跟随者模型，研究抢先占优的情况下，收益的不确定性对投资时间决策的影响[92]。和本苏桑和迪尔茨（Bensoussan，Diltz）将实物期权理论与斯塔克尔贝格博弈结合，研究企业不可撤回资本投资项目的最优投资时间决策[93]。茹韦和卡德尔（Jouvet，Cadre）等将企业生产、投资决策过程中面临的不确定性分为收益不确定性、竞争不确定性，建立风险中性与风险规避者的最优产能决策模型[94]。卢卡斯和威林（Lukas，Welling）用实物期权博弈的理论分析了不确定性对投资时机的影响[95]。黄、曹和钟（Huang，Cao，Chung）等建立了不确定的需求环境下新市场的双寡头博弈模型，研究了额外的不确定性波动如何影响局中人的投资阈值和回报[96]。贝纳杰、古比尔梅兹和帕利纳（Banerjee，Güçbilmez，Pawlina）等建立了一个不确定环境下的两阶段的期权博弈模型；以具备共享条款的前提下两个或者两个以上当事人的联合选举为例，说明任何一个组织的决策时机都必须是社会有效的[97]。菲洛门纳和达菲（Filomena，Duffey）采用古诺竞争模型，讨论了投资成本结构和发电技术效率的平衡[98]。晏文隽和郭菊娥探讨了确定性条件下风险投资高收益的触发条件[99]。

　　当然，影响项目价值的不确定因素，不仅仅局限在成本、技术、未来利润流和竞争关系。通过大量的文献研读和梳理，我们对不确定投资理论主要研究方向和应用领域进行了归纳总结。通过表 2-2 可以看出，不确定投资理论在包括信息化项目在内的实物项目投资上得到了广泛的应用，影响项目投资价值不确定性的因素主要在于项目未来利润流的不确定性、项目成本的不确定性、技术的不确定性以及市场中的竞争问题。市场竞争的不确定性，即策略的不确定性主要针对涉及产品研发并面向市场的研发项目。技术的不确定性则主要面向直接涉及产品的生产项目，而实物产品的特性和云服务这项虚拟产品间还存在着一定的差异，导致技术的不确定性无法对云升级项目的价值产生如实物项目一般的影响。不确定投资理论可应用于本文中信息系统与信息技术云服务升级项目的投资决策研究，但是在进行模型构建和理论分析时，要根据信息系统与信息技术云项目的具体特点，甄别影响项目价值不确定性的因素。上述这些项目价值的不确定性及其描述方法，可以为本文的展开提供可靠有效的借鉴。

表2-2 依据行业类别划分的不确定因素

行业 \ 因素	不确定性	代表性研究
市场行为	需求	Boyer, Lasserre[100] （2012）
	未来利润流	Bensoussan, Diltz, Moreaux[93] （2010），Bouis, Huisman, Kort[101] （2009）
	成本	Bouis, Huisman, Kort[101] （2009）
电子电信业	未来利润流、成本	Y-C Lee, S-S Lee[80] （2011）
制造业	技术	You, Yang, Wu 等[89] （2014），Ma, Grubler, Nakamori[85] （2009）
	价格	Wickart, Madlener[102] （2007）
	需求	You, Yang[89] （2014）
	未来利润流	Xu, Zhan[103] （2013），Shibata, Tian[104] （2010）
金融市场	策略	Shibata, Tian[104] （2010）
	利率	Xu, Zhan[103] （2013）
	股票回报	Putschögl, Sass[105] （2011）
	需求	Villemeur, Ruble, Versaevel[106] （2014）
医药业	政策、人口	Dortland, Voordijk, Dewulf[107] （2014）
	产品价值	Nigro, Morreale, Enea[71] （2014）
	需求、策略	Jouvet, Orset, Cadre[94] （2012）
环境	排放量	Wang M, Wang M., Wang S[108] （2012）
	未来利润流	李应求，刘朝才，彭朝晖[109] （2008）
企业投资	风险	杨安洋，杨正勇[75] （2014）
	收益	Thijssen[83] （2008）
企业并购	项目价值	Banerjee, Güçbilmez, Pawlina[97] （2014）

续表

因素 行业	不确定性	代表性研究
信息化相关领域	客户总效用	Inderst，Peitz[110]（2014）
	未来利润流	Femminis，Martini[111]（2011），Lukach，Kort，Plasmans[112]（2007），Pennings，Sereno[113]（2011）
	未来利润流、成本	Paxson，Melmane[79]（2009）
	市场、时间	Wu，Ong[114]（2008）
	技术	Lukach，Kort，Plasmans[112]（2007），孙艳梅，孙长雄[115]（2010），Pennings，Sereno[113]（2011）
	策略	Paxson，Melmane[79]（2009）
	项目价值	Martzoukos，Zacharias[116]（2013）

2.5　研发投资决策理论研究现状

　　信息系统和信息技术云项目，在研究时应根据技术获取和技术创新的类别区别对待。技术获取型的项目具备传统实物投资项目的诸多特点，可应用不确定投资理论进行研究。而对于涉及技术创新的研发项目，博弈论是解决这一问题的最有效方法。目前，主要的方法有期权博弈和动态博弈理论。期权博弈理论的应用，主要兴起于20世纪90年代，在21世纪初得到推广。学者余冬平和邱菀华考虑到企业间研发能力的不平衡，构建了不对称的双寡头模型，定义博弈环境中领先者、跟随者和同时投资的三种价值函数，并用实物期权的办法对项目价值进行评估[117]。孟力、高闯和杨洪翁采用期权博弈的理论，应用古诺模型对通信业市场的影响竞争问题进行研究。研究结果表明，当整个市场的需求发生变化时，低成本的企业同时投资时的市场机会价值要高于高成本企业[118]。蔡强和曾勇构建了基于双寡头期权博弈方法的投资时机选择模型，用来研究企业的专利研发决策，企业的竞争优势会随着双寡头企业实力的差距的增大而增大，最终的均衡结果往往为抢先占优和序贯均衡[119]。Wu和Liou应用实物期权理论对ERP投资决策进行研究，认为ERP投资的价值是不确定的。结果表明，收入不超过成本的ERP项目也是可以进行的[120]。通过文献研究可以发现，期权博弈理论在研发项目投资决策问题上，已经积累了一定研究成果，然而由于实物期权博弈模型的假设过多，模型复杂，且往往预先设定博弈的领先者和跟随者的价值参数，其理论和方法只有在特定情况下，才具备较好的适用性。

博弈理论在解决研发投资问题上具备显著的优势。对于涉及研发和产品出售的研发项目，比较典型的研究模型是斯坦科尔伯格动态博弈模型。除此之外，静态博弈模型如古诺模型和豪泰林模型也得到了一定的研究和应用。

我国学者孙树垒在 A-J（Aspremont & Jacquemin）两阶段投资决策模型上的拓展和创新[121]进行改进，放宽成本对称条件，构建投入产量与研发成本双重差异下的双寡头研发斯坦科尔伯格竞争模型。结果表明，任何情况下研发的投资水平总是和总产量保持正向的关系[122]。袁立科、张宗益在知识溢出效应下，分别对双寡头企业在完全合作、不完全合作、完全不合作状态下的博弈结果进行研究，应用斯坦科尔伯格博弈框架说明研发期和产品生产期的全面合作更有益于消费者和社会福利[123]。刘新梅、张若勇和徐润芳对非对称管制下垄断企业的研发决策问题进行研究，发现当政府提供的价值优惠增大到一定程度后，市场中原有企业和新进入企业都加大研发的投入量；当整体提供的价值优惠较小时，只有新进入的企业会增加研发的投入量[124]。孙彩虹、于辉、齐建国定义企业研发过程中采取合作行为的主要因素为：企业创新的投入量以及内生技术的溢出水平。这两项因素在刺激创新的同时也会产生机会主义，导致合作的失败[125]。胡荣、陈沂和王强证实双寡头下研发投入的平均水平以及平均利润的倾向是不一样的，达到平衡的时间和研发投资的利润会受到双寡头研发竞争的速度的显著影响[126]。吴晓园和丛林在存在技术引进优势以及政府补贴的环境下，基于政府的角度对企业进行研发的策略进行研究，为了方便高效创新，政府可以直接增加自主创新的举措[127]。杨晓花、夏火松和谷伟等人构建了双寡头企业研发的多阶段完全信息动态博弈的斯坦科尔伯格模型。并用逆向归纳法对模型进行推导，证明博弈的均衡顺序仅受企业的研发的外生溢出效应影响[128]。张泽麟、王道平和张虹等人探讨了企业间研发联盟的特性，并应用博弈模型对这一问题进行探讨，研究了合作联盟的演化博弈过程[129]。张新华和叶泽构建不确定环境下寡头垄断模型对电价不变的情况下电力需求进行研究，结果表明，当投资补贴比率偏低，且投资补贴政策被取缔的可能性越大时，发电商会放缓其投资容量；当投资补贴比率较高时，则会产生抢先占优的结果，尤其是出现投资补贴将被取消的信号时，这一现象愈发明显[130]。

和我国学者偏向应用的研究相比，国外学者更注重模型和算法的探讨。卢克雷兹（Luclcraz）探讨了需求函数存在弹性时，古诺双寡头模型的稳定性。结果表明，不管线性需求还是弹性需求下，两阶段古诺博弈都存在纳什均衡[131]。贾（Jia）采用双寡头博弈来探讨内生决定投资关系的特定资产[132]。和本苏桑、肖和任（Bensoussan，Siu，Yam）等通过动态规划原理来解决再保险的非零和博弈问题，其结果对指数效用函数的情况具备良好的经济解释[133]。茨科克、曼汀和朱克斯（Zschocke，Mantin，Jewkes）针对目前研究成果较少的项目投资组合的双寡头竞争模型进行研究，对资源有限的情况下，双寡头企业在成熟市场或者新兴市场的投资决策进行了讨论[134]。这一文献给了我们很重要的启示，当技术发展到一定程度时，多市场的环境是必须考虑的问题。中村（Nakamura）用斯坦科尔伯格模型研究了需求的不确定性下一个领导者和多跟随者的博弈情况，追随者估计公开信息的权重决定了领导者和每个追随者之间的战略关系[135]。兰贝蒂尼和扎库尔（Lambertini，Zaccour）重新审视了企业在非合作微分寡头博弈的投资收益，存在竞争关系的企业通过销售差异化的产品，并投资于广告，以增加各自产品的品牌资产。无论公司是否设置销量和价格的限制，平衡状态下总会出现一个倒 U 形的总投资曲线[136]。鲁伊斯和阿利塞构建了一个连续时间的双寡头博弈（Ruiz-Aliseda），需求不确定下进入和退出博弈的马尔科夫均衡结果表示，当进入后的利润为负的可能性增大时，抢先占优的危险为逐步减弱[137]。

综上所述，实物期权理论在进行博弈分析的时候，往往预先假设领先者和跟随者；同时，随机过程的引入极大地增加了模型的复杂度和运算量。研发项目的显著特点是分为产品研发和产品出售两个阶段，实物期权博弈的方法往往是针对单阶段博弈。动态博弈的方法可以有效解决涉及市场的研发项目的策略不确定问题，具备良好的适用性和可靠性，可以为本文提供扎实的理论支持。其中，最典型的方法是古诺模型和斯坦科尔伯格模型。古诺模型不考虑领先者和竞争者的问题，而斯坦科尔伯格模型则预先指定市场中的领先者，并具备两阶段的动态性。然而，动态博弈理论只是一个框架，在问题研究时，我们还需根据信息系统与信息技术云服务供应商在研发云服务项目的具体过程，构建企业及其竞争对手的支付函数。

2.6　本章小结

通过对信息技术项目投资研究方法、投资决策理论以及云计算发展和应用现状有关文献进行分析后，本文结合云计算带来的新变革对信息技术项目投资决策相关理论的应用和研究现状的主要特征进行了梳理和总结：

（1）信息技术项目投资决策研究的对象比较具体，通常是某种具体的硬件或软件，如企业的管理信息系统、制造执行系统等某种非直接生产类的信息系统和信息技术。信息化和项目投资都是一个非常笼统的概念。在研究初始，需要对信息化的定义、信息技术项目投资项目的类别做出具体的定义。学者们依据自身的研究目的和方法已经尝试对信息化项目进行了分类。在本文中，我们定义信息化为企业信息系统云以及非生产线的信息技术云的实施，主要研究对象为中、小企业，或大型企业的专项部门。

（2）信息化绩效评价是企业信息化建设与管理的一种重要工具，其中评价理论和投入产出分析是信息化绩效评价的一种主要方法。然而，这种评价理论和方法往往是对已实施系统或技术的事中和事后评价，并不能很好地对未实施的新系统或新技术的价值进行合理的分析。

（3）企业信息系统与信息技术升级为企业带来的往往不是直接的经济效益，而是综合管理运维能力的提升，高效的信息系统与信息技术，会使企业的运维变得更流程化，企业的生产、销售等过程变得更加迅捷。然而，这些提升具体是哪方面的提升，提升的比率是多少，它们之间存在着什么样的路径关系，这些能力提升如何作用于企业盈利能力的提升，这一系列关于信息技术项目投资至关重要的问题尚未得到妥善解决。

（4）信息技术项目投资决策问题与云计算的研究脱节。关于信息系统与信息技术项目投资问题的研究没有考虑到云计算与信息技术、信息系统结合后的新特性。现有投资模型和理论，无法妥善解决云计算的新视角下企业信息技术项目投资决策问题。此外，云计算的新特性，对信息系统和信息技术研发和升级项目的投资和实施过程，都带来了根本性的变革。而这些变革尚未体现在现有信息技术项目投资选择模型中。

（5）不确定投资理论是对信息系统与信息技术云升级投资的项目价值进行评估的有效手段。学者们采用这一理论方法对包括信息化项目在内的各类实物项目的投资进行研究，已经积累了一定的成果。这些成果表明，不确定投资理论在信息系统与信息技术云升级项目上也具备很好的适用性和可靠性。

（6）当产品面向市场时，竞争对手对企业未来利润流的影响就成了企业在决策时必须要考虑的重要内容。研发项目投资决策的研究，主要分为两大类：一类是与实物期权结合起来，应用实物期权理论对项目进行价值评价。另一类，就是应用动态博弈的理论，考虑研发、生产两阶段的企业最优决策。实物期权博弈理论，往往应用于新实物产品的研发，且对市场环境往往具有更多严格的假设（如预先指定领先者和投资者，以及他们的回报函数）；动态博弈理论，更注重研发项目特有的研发、出售的两阶段性，且在模型假设上具备更多的灵活性。因此，动态博弈更适于信息化研发项目的投资决策，其中斯坦科尔伯格模型等动态博弈模型是解决这一问题的有效手段。

上述研究理论为本文研究提供了坚实的理论基础和丰富的文献参考，不过要解决信息技术项目投资决策的问题，至少还有如下几个问题需要深入研究：

云计算的应用对传统的信息系统与信息技术的应用方式产生了巨大变革，这使得我们在进行信息技术项目投资决策研究时，要对云计算应用后，信息化项目从研发到实施运维整个路径过程中的新变化进行充分考虑。

信息系统或者信息技术投资和传统的生产建设项目不同，其投资效果并非直接的经济利润，而是通过提高企业各方面的运维管理效率，间接地促进企业盈利能力的提升。因此，信息系统升级对企业管理运维能力的提升具体体现在哪些方面，这些非直接经济因素如何作用于企业盈利能力，是我们开展投资决策研究以及构建投资模型前，需要梳理清楚的重要内容。

不确定性广义上只指项目未来价值的不确定性。随着研究的不断深入，不确定性的含义被进一步拓展，项目未来价值被分成项目未来利润流和项目成本两大部分。此外，项目实施过程中，市场的不确定性以及技术的不确定性也成了投资研究的一个新领域。在信息系统与信息技术云项目价值评估时，应基于云服务的特点选择那些不确定因素对项目价值进行定义，需要妥善处理。

传统的动态博弈模型，在模型构建时存在多个假设，且这些假设都是针对实物产品的研发、生产、出售流程设立的。云服务的影响已然改变了信息系统与信息技术这类虚拟产品的使用和销售方式。如何在原有的动态博弈模型上进行改进，构建云服务视角下信息系统与信息技术云研发投资决策模型，是研究中亟待解决的关键问题。

相关理论与研究方法

在大量的文献研究和理论研究的基础上，我们得到构建云服务下企业信息技术项目投资决策模型的方法路径，基于企业在信息化产业中作为供应商和用户的基本单元，分别构建投资决策模型。对于信息系统与信息技术云的使用者，应首先采用结构模型方程的方法分析企业升级效益间的作用过程，探索信息化项目价值进行量化的有效途径，从而结合云服务下的新变革，应用不确定理论构建企业信息化升级项目投资决策模型。对于信息系统与信息技术云的研发者，结合云服务下的新变革，应用动态博弈理论构建企业信息化升级项目投资决策模型。

开展本研究首先要对云计算服务对信息化产业的新变革进行系统的分析，分别针对用户和供应商角度探索云服务的应用对投资决策行为的影响，从而为投资决策模型的构建奠定理论技术。

信息化升级项目由于信息化领域内固有的复杂性，其升级项目效益，即项目回报是多方面的，涉及盈利能力提升和管理、运维能力提升等诸多方面的改善。这些回报变量有的直接作用于企业利润流，可以用企业利润提升的方法进行有效量化，而另一些回报变量在于管理运维能力的提升，对企业利润提升存在促进作用，却不直接体现在企业的利润流上，难以简单量化；同时这些回报变量间还存在着错综复杂的作用关系。因此，简单的路径分析和描述性统计分析无法对信息化升级项目的效益和这些效益间的关系进行处理，我们需要借助更为复杂的结构模型方程的方法来探究信息化升级项目的效益，从而获取信息化升级项目价值量化的有效方法。

不确定投资理论，自20世纪中叶以来，一直在投资领域具备较高的研究热度，逐步从金融投资领域被应用到实物投资领域，甚至信息化相关领域，已经积累了较多的研究成果。不确定投资理论考虑到项目价值不确定的具体特点，适用于涉及多重回报的项目价值研究。选择不确定投资理论，结合基于结构方程模型对信息化升级项目效益的研究成果，可以完成云服务下企业信息化升级项目投资决策模型的构建。不确定投资理论，虽然涉及较为复杂的随机过程、动态规划等数学推论，但是其具备较高的灵活性，可根据应用问题的具体特点进行进一步改进和拓展，方便把云计算带来的新变革体现在升级投资决策模型中。

动态博弈理论是博弈论与信息经济学中的一个主要领域，是一种问题分析、模型构建的思路。在博弈模型中，不同的局中人根据其所掌握的内外部信息，考虑到其他局中人的决策行为对自身回报的影响，构建其支付函数，力求其支付函数最大化，探索纳什均衡结果。本研究着重考虑研发项目的两阶段性，选择动态博弈的理论思路来构建投资决策模型。由于局中人支付函数的构建往往是基于博弈环境和博弈特点的具体情况，因此，动态博弈理论区别于不确定投资理论，不具有统一的定式模型，而是一种建模指导思路。

综上所述，结构方程模型，不确定投资理论以及动态博弈理论是我们构建企业信息技术项目投资决策模型的主要理论方法，云计算对信息化带来的新变革则是这些理论应用的重要考量。因此，在本章节中，重点对云计算理论、结构方程模型以及不确定投资理论的应用过程进行详述，并作为本研究的理论基础，而动态博弈模型由于不具备统一定式不再详述，但会在第 6 章研究内容中进行具体阐述。

3.1 云计算理论

3.1.1 云计算的基础理论与应用

云计算最常使用的分类是 SPI（Software Platform Infrastructure）模式，即根据服务种类划分为：基础设施即服务（Infrastructure as a Service，IaaS）、平台即服务（Platform as a Service，PaaS）、软件即服务（Software as a Service，SaaS），软件即服务代表应用，平台即服务代表了框架和共同的功能，基础设施即服务则是软件即服务和平台即服务的基础。基础设施即服务的灵活性最高，平台即服务次之，软件即服务由于其应用的针对性、灵活性最低，却具备最高的优化程度。

（1）基础设施即服务（IaaS）。其存在的价值在于能够支持虚拟型服务器、带宽等运算资源的正常使用，能够有效改善用户运算资源受限的情况。用户能够借助获得的权限进行安排，使操作系统等能够正常使用，无需消耗过多的资源进行管理与维护[138]。不仅如此，用户还能够结合当前的情况调整相应的网络组建。典型的 IaaS 服务如亚马逊的 EC2，美国国家航空航天局（NASA）和 Rackspace 合作研发的 OpenStack。

（2）平台即服务（PaaS）。其存在的价值在于让用户拥有建立在互联网前提下的应用研发平台，从而让程序能够从研发阶段直至最终的后期运维均能获得满足需求的硬件与软件资源，如虚拟服务器与操作系统，用户能够借助此平台研发与安排全新的软件程序。具体的研发与部署过程需要符合这一平台所确立的标准与规范，如编程语言、框架等[138]。典型的 PaaS 服务如亚马逊的 S3，微软的 Windows Azure。

（3）软件即服务（SaaS）。SaaS 相关理论很早便已经存在，属于一类新型的软件操作形式。当下，SaaS 同样属于云计算运用比较普遍的服务。其存在的价值在于把软件服务利用网络（基本上为互联网）交由用户使用，用户仅需利用浏览器或相关设施连接便能运用。SaaS 内部支持的软件服务均交给服务提供商或运营商负责进行控制与维护，用户结合本身情况实施租借，避免用户进行购买、组建与维护基础设施等大量烦琐的流程[138]。典型的 SaaS服务如谷歌的 Google App，SAP 的 SAP OnDemand Solutions。

基础设施即服务是主机托管和虚拟主机托管服务的进一步演进，平台即服务是网页托管网站提供脚本功能的增强，软件即服务的起源则是应用供应商 ASP（动态服务器页面，Active Server Page）提供的服务托管模式[139]。

通常，为了获得更高的效率，软件服务是高度标准化的。不过这样的软件只能提供最小限度的定制性和可扩展性。而在另一个极端，基础设施即服务可以承载几乎所有的应用程序，但不能灵活地提供优化，平台即服务代表了居于两者中间的情况。平台服务只提供一个灵活的框架和一些较少的限制，并能够提供一定程度的优化。这样的分类，并不是说这些服务之间有多么大的不同，在理论上，每一层服务都是以其底层服务为基础的，软件即服务充分利用了平台即服务和基础设置即服务的便利。

3.1.2 云计算的主要特征

作为一种新型的服务器、平台和软件服务提供模式，与传统信息服务提供方式相比，云计算具备显著的优势。其高度的可扩展性、按需求使用以及低廉的成本在学术界和制造业等各个领域都得到了广泛的认可。在文献[140]-[149]和云服务的白皮书[6]基础上，我们总结了云计算的主要特征：

（1）成本低廉。云计算并不需要终端用户具备服务器和数据库等硬件资源，免除了固定的购买需求；且其具有良好可扩展性的动态资源以及按需使用的方式，可以使用户在极大程度上控制使用成本。

（2）多租户。一个云可以被多个组织机构同时使用。云供应商只需引入一系列的机制来保护和隔离每个租户的数据和使用。汇聚所有用户使用的资源是实现其可扩展性和节约成本的重要因素。

（3）按需使用，减少资源浪费。用户可以通过购买权限访问云计算的服务，并根据实际需要单方面按需获取需要的资源。

（4）外部托管。终端客户不再需要考虑基础设施的建设、使用与维护。服务都托管在云服务供应商的固定场所，从这里利用互联网交给客户使用。当然，由于服务运行阶段受到防火墙的阻挡，因此必须跨越物理和安全的边界。

（5）大规模性。目前各大信息技术公司拥有的云计算服务，必须配备成千上万台服务器进行处理，这种规模能够让客户得到更加系统全面的资源与服务效果。

（6）虚拟性。虚拟性是云计算最重要的特点之一。这项技术随着移动终端的发展，使得云计算的服务愈发便利。无论处于何时何地，客户均能够根据需求运行相应的终端，利用互联网享受相关服务。

（7）稳定性。和个人电脑进行相比，这种模式采用多信息、副本容错等方案进行处理，稳定合理。同时，私有云和公共云的区分，使得云计算的安全进一步提升。

（8）通用性。在云计算的架构下，可以开发出多种应用，这些应用不受用户终端的限制，并且一个云平台可以允许多个应用被多个用户同时使用。

（9）近乎即时的可扩展性和灵活性。系统具有通过简单操作就可添加或删除虚拟资源的能力，简单的应用程序编程接口（API）就可以提供管理云环境的接口。

（10）瞬时配置。云计算的各类服务、软件、存储资源等都可以近乎瞬时提供服务。在服务器充足的情况下，云计算资源和服务的分配几乎是无限的，可以在任何时间快速响应。

3.1.3 云计算的应用对信息化企业的影响

云计算的应用对企业信息化各类项目的投资、实施过程以及项目成功实施后的信息系统与信息技术运维带来了显著的变更，同时也使得企业间供应商和用户的关系愈发复杂。然而企业实施信息化项目的根本目的并未改变，企业进行信息化升级项目的目的仍然是提高企业信息系统和信息技术的运维效率，而企业进行面向市场的信息化创新项目，仍然在于提高产品进入市场后带来的利润流。

因此，研究云服务视角下企业信息化项目的投资决策问题，仍然需要从企业信息技术项目投资理论着手，找到解决这一问题中基本单元的有效方法，并对这些理论方法进行有机组合，从而得到解决现阶段企业信息化项目投资决策问题的有效手段。

综上所述，本文在云服务吸纳的层面对信息系统和信息技术所带来的新变革进行梳理和归纳，得到新形势下企业进行信息化相关投资时需要注意的特点和规则，分别站在信息系统与信息技术云供应商和使用者的角度，对云服务视角下的信息系统与信息技术研发、出售、实施、运维等一系列过程中的新特性进行总结。

云计算对于信息系统与信息技术的云服务供应商的影响如下：

（1）大量的前期成本。云服务供应商在前期需要大量的成本投入，用以保证服务器具备充足的资源和高效的运行能力。这些成本是固定成本也是沉没成本，不具备可逆转性。因此，对于供应商来说，在项目投入前期，要从项目周期、市场回报、投入成本、消费者心理、消费者服务等多个角度对云服务进行定性与定量的全面分析，在满足消费者服务需求的前提下，尽可能减少资源浪费，平衡好研发投入成本与市场回报，进而得到更高的投资回报率。

（2）信息系统更迭快。云计算技术的发展进一步促进了这种趋势。区别于大多数传统信息系统一年更迭2次，云服务环境下的信息系统的更新和发展更为迅速。这同时导致了信息系统与信息技术的云服务供应商面临着更为激烈的市场竞争。

（3）不受单位可变成本局限。云服务投入市场后，信息系统与信息技术的云服务使用者，不需要具备硬件基础设置等一系列传统信息系统所需的基本配置；同时，在信息系统与信息技术售出后，不需要对售出的软件在用户企业端进行安装，也免除了后期维修的烦恼。这种销售模式，使得信息系统和信息技术的售出不再具有传统信息系统售出时的可变成本，在用户单位的安装、实施、培训等一系列信息系统的建设工作均被免除。

（4）产品异质性。云计算服务还有一个显著的特点是按需服务，用户可以按照自己的具体需要，选择信息系统或者信息技术的特定模块，不需要购买全部软件。因此，拥有更多功能的平台会受到更多用户的青睐。

（5）市场竞争的存在。随着云服务的不断发展，这项技术在各行各业的应用已经趋于成熟，尤其是信息化领域。信息系统与信息技术云供应商市场中，几乎没有寡头垄断的情形出现。因此，云服务供应商在进行研发投资决策时，需要妥善考虑市场竞争的问题。

云计算对于信息系统与信息技术的云服务使用者的影响如下：

（1）按需选择产品。客户能够结合当前的情况，于云服务提供商给予的数据系统与信息技术里选择特定的应用模块。这种灵活的需求选择方式，在一定程度上减少了用户的成本。

（2）几乎固定的成本。用户的购买成本几乎只在期初发生。区别于传统的信息化建设项目，由于项目建设周期长，项目建设的过程中存在着各种可能发生的状况。因此，传统的信息化升级项目的成本是不确定的。云服务下的信息系统的重要特征就是瞬时使用，购买即可使用。用户本地不需要任何基础设置的安装以及后期维护。在云服务使用后发生的费用，也仅有软件升级的费用。这导致对于云服务用户来说，信息系统和信息技术云购买的成本相对确定。

（3）不确定的项目价值。新的信息系统与信息技术云服务项目未来的价值是不确定的，在不确定投资理论中我们已经讨论过。云服务的架构，并没有改变信息技术未来价值不确定的固有特点。随着新系统或者新技术的使用，用户会对新系统或者新技术的效率逐渐有更为清晰的评估，但是这种不确定性不会消失，而是一直存在。

（4）产品更迭快。信息系统与信息技术云服务的更新速度越来越快，这一趋势对云服务供应商和用户的影响是不一样。因为更迭迅速，用户在进行信息系统或者信息技术升级的时候，不能仅仅考虑单期的项目投资决策，而是要把眼光放长远，考虑到未来新系统和新技术的状况，结合未来可预测时间内的新信息系统或者信息技术的到来时间、技术效率进行项目组合投资决策，并建立在未来一段时间内的投资决策集。

3.2　结构方程模型相关理论

结构方程模型的应用往往与因子分析相结合，因子分析可为结构方程模型中潜在变量的探索提供有效支持，是我们构建结构方程模型的首要任务。因此，本小节首先对因子分析的理论方法和应用过程进行阐述，然后梳理结构模型方程的理论方法和研究步骤。

3.2.1 因子分析的理论方法

在对指标变量进行路径研究前，需要对观测变量的数据特性进行分析，判断是否存在信息重叠。当变量数上升时，样本的特征数据提升，然而由于变量数量过多，往往会导致信息冗余的出现，使目标问题受到干扰，不能获得合理有效的结果。其根本因素在于不同观测变量的相关性存在着明显区别，因子分析降维的方法可以对观测变量进行有效、系统的分类，妥善解决这一问题。

3.2.1.1 因子分析的基本原理

因子分析能够使多维度变量得到合理的降维处理，把包含大量相互关联的一部分变量统一成典型的少量因子，同时展示所有因子和初期变量之间存在的关联，接着结合不同因子的特点与变量相关性实施分类。这种分析模式的本质是利用已知观测变量间的联系继续发掘，确定可能的架构，同时了解潜变量存在的意义。总而言之，这种模式可以进一步研究变量的相关系数矩阵，识别和变量相关联的部分无法观测的潜在变量，然后把结构相同、存在紧密联系的因子变量分成一组，实施合理分类，确保组内联系紧密，组间联系薄弱。

这种模式本质上是通过获得一部分公共因子说明不同变量间存在的联系，此类公共因子常常呈现出随机性、无关联性、无法观测等特征。在进行大量数据评估分析时，往往会采取主成分研究法。因子分析最核心的价值在于可以帮助所有变量实现合理的分类，也就是利用对数据重叠位置的清理获得相关性接近 0 的公共因子，实现降维[150]。

3.2.1.2 因子分析的步骤

（1）信息整理。结合统计学相关概念，运用随机抽样形式开展整体分析工作，以实际调查为前提观测所有变量，得到观测值。

（2）结合样本信息获得协方差矩阵。

（3）获得因子数量。能够以凯泽（Kaiser）原则为前提，结合相关系数矩阵特征根据情况求得；也可以斯科里（Scree）检验为前提，根据特征根规求得。

（4）查找公共因子。查找模式相对较多，为人们所熟知的方式是主成分研究法，也就是获取让变量线性组合标准方差达到极致的变量，将其确定成主成分。

（5）因子旋转。把因子载荷阵正交旋转让它形成少量结构变量，从而让分析人员进行快速研究，且提供最佳的解释。

（6）研究因子结构。结合旋转形成的因子载荷矩阵，能够直观了解任意结构因子内部包含的数据，同时其处于结构因子中，均存在高载荷值，通过其中的数据便能够解释这一隐性变量的特性。

（7）求出因子分数。基于大量变量线性组合提供的公共因子，为所有因子确立权重即可获知整体分数。

3.2.2　结构方程模型的理论方法

20 世纪 70 年代，卡尔·耶斯科格（Karl Joreskog）率先构建结构方程模型（structural equation modeling；SEM），因子、路径等分析理念经过统一整理形成多元归纳模式。结合有关协方差矩阵架构的研究结果可知，结构方程模型能够对大量变量相关性与因果联系进行统一分析。因子分析只能针对变量间相关性进行探索，无法确定单向因果关联；同时路径研究给予变量的前提是测量没有偏差、残差无关联、仅具备单向因果关联等，但实际数据处理阶段无法达到以上要求。面对此类情况，这种模型不但能够将两种模式的优点集于一身，而且能够处理误差，避免结果出现较大偏差。这种模式能够借助当前存在的概念背景联立线性方程，获得具备大量潜在变量的联立方程式，而且测量指标即便出现少量偏差也不会有任何影响。整体而言，这种模型属于利用假设验证进行探索的一种统计模式，由于最终得到的结果十分全面，故此能够在心理学、教育学等方面进行广泛使用[151]。

3.2.2.1　结构方程模型的基本理论

结构方程模型结合观测指标与隐性变量，以相关概念依据为前提，确保观测指标间、观测指标和隐性变量间、隐性变量间形成路径联系。观测指标能够作为量化类指标；隐性变量能够作为无法快速测度的指标，和前者表现出线性联系。测量模型主要结合研究结果对潜变量、测量指标间存在的关联进行说明；结构模型则能够利用路径关联图把潜变量间相应的架构进行快速体现。

结构模型方程包括测量模型（measurement model）和结构模型（structural model），测量模型中的指标变量成分为观测变量（测量变量、观察变量、指标变量、线性变量），在 AMOS 模型图中，用长方形的对象进行表示，测量模型中的指标变量通常就是对应调查问卷的题项。因素成分为潜在变量（latent variables）（无法观测变量、潜在因素），在 AMOS 模型图中，用椭圆形的对象进行表示。测量模型的潜在变量又称为共同因素（common factors），这些共同因素的变异是由一个以上的观察变量来共同反应的。

结构方程模型中以单箭头直线表示变量间的因果关系，箭头所指的变量为"果"变量，直线起始处为"因"变量，双箭头符号表示两个变量间有共变关系但没有因果关系，即没有直接效果[151]。

结构方程模型参数确定的有效性与样本规模存在联系，至少超过 200 组才符合标准。本文最后提取的有效问卷数量达到 592 组，数据样本可靠。把梳理完成的测量模型组合后，对潜在变量间的因果关系进行研究，构成结构模型。结构模型中的潜在变量分为自变量和因变量，AMOS 模型中最为内因的潜变量（单箭头所指向的变量）需要增加一个预测残差项 δ。

如下图模型所示，两个外因潜在变量为 F1 和 F2，一个内因潜在变量为 F3，以外因潜在变量来预测内因潜在变量会出现预测残差，因此，内因潜在变量 F3 增加了一个残差序列，δ。

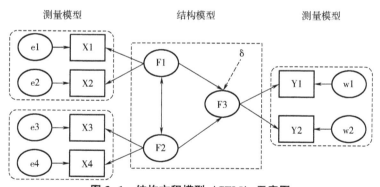

图 3-1　结构方程模型（SEM）示意图

3.2.2.2　结构模型方程建模步骤

结构方程模型模型的构建与验证分析基本步骤（具体过程在 4.5 节进行阐述）：

（1）以当前概念研究为前提，构造假设模型；

（2）完成模型的辨认；

（3）评估模型内部所有参数；

（4）结合拟合度验证情况分析初始模型和样本数据之间是否可有效拟合；

（5）结合 M.I. 值完成模型的更正改良，最终得到样本数据，求出概念模型与合理的路径系数。

3.2.2.3　结构模型方程校验指标

采用结构模型方程的方法对各变量进行分析，其分析结果要通过模型拟合度校验。表 3-1 为各项拟合度指标需要符合的标准，在特定情况下可以适当放宽标准。

表 3-1　模型匹配检验度综合表

统计检验量	绝对适配度指数	备注
自由度	呈现模型自由度	
绝对匹配度指数		
x_2 值	$p>0.05$（未达到显著水平）	大样本情况下，X^2 的值为参考指标
x_2/df 值	<2.00（严谨）或<3.00（普通）	数值越接近 0，模型适配度越好
RMR 值	<0.05	数值越接近 0，模型适配度越好
RMSEA 值	<0.08（若<0.05 良好；<0.08 普通）	90%置信区间为（0.06-0.08）
SRMR	<0.08（若<0.05 良好；<0.08 普通）	数值越接近 0，模型适配度越好
GFI 值	>0.90 以上	数值越接近 1，模型适配度越好
AGFI 值	>0.90 以上	数值越接近 0，模型适配度越好
CN 值	>200	数值越大，模型适配度越好
比较适配度指数		
NFI 值	≥0.95 以上（普通适配为>0.90）	数值越接近 1，模型适配度越好
RFI 值	≥0.95 以上（普通适配为>0.90）	数值越接近 1，模型适配度越好
IFI 值	≥0.95 以上（普通适配为>0.90）	数值越接近 1，模型适配度越好
TLI 值（NNFI 值）	≥0.95 以上（普通适配为>0.90）	数值越接近 1，模型适配度越好
CFI 值	≥0.95 以上（普通适配为>0.90）	数值越接近 1，模型适配度越好
MFI 值（Mc）	≥0.95 以上	AMOS 未提供 MFI 值
简约适配度指标		
PGFI 值	>0.50 以上	数值越接近 1，模型适配度越好
PNFI 值	>0.50 以上	
PCFI 值	>0.50 以上	

资料来源：吴明隆. 结构方程模型——AMOS 实务进阶［M］. 重庆：重庆大学出版社，2013.

3.3 不确定投资理论

经济学将投资定义为对未来回报的预期减去瞬时成本的行为。这种观点与云服务项目的购买与使用模式相同。确定进行信息化升级后，项目的成本瞬时发生，而未来的回报则是持续的，同时是不确定的。几乎所有的项目投资都具有如下三个基本特征：

（1）投资至少是部分不可逆的。项目投资在项目开始后立即发生，初期的成本是沉没成本。

（2）来自投资的未来的回报是不确定的。项目经理能做到的只是评估投资中回报高、中、低的概率。

（3）投资行为是可延期的。你可以选择在本阶段立即投资，也可以选择推迟项目。

这三个特征之间的相互作用决定了投资者的最优决策，这是不确定投资理论的核心。在金融领域内，期权方法正在取代传统的净现值法（NPV）成为投资决策的主要理论。金融产品未来的不确定性，可以通过期权的理论体现出来。这一理论自 20 世纪 80 年代起，被逐步引入了实物项目。金融产品和实物项目都具有三个基本特征，实物项目中，实物投资的机会被称作"实物期权"，项目投资与否取决于其实物期权的大小。

3.3.1 随机过程

3.3.1.1 带漂移的布朗运动

不确定投资理论下，项目价值的不确定性和未来利润流的不确定性往往通过几何布朗运动进行描述。

维纳过程又被称为布朗运动，是一个连续时间的马尔科夫过程。维纳过程具备三个重要特质：

（1）维纳过程的所有未来值的概率只取决于当前值，不受这一过程过去的取值和当前的信息的影响，是无记忆的。

（2）维纳过程具有独立增量。表明其在任意时间区间上的变化概率独立于其他时间段上的分布。

（3）维纳过程在任何有限时间的区间内的变化服从正态分布，它的方差随着时间区间的长度呈线性增加。

部分金融产品如股票以及实物项目的波动，并不完全服从维纳过程。但是通过适当的变换，维纳过程可以用作对连续时间变化的随机变量的建模基础，这也是本书信息化升级项目未来价值不确定性的表示基础。

假设 $z(t)$ 在某一可分为 n 个极小的时间段 Δt 的时间区间 T 上，则 $z(t)$ 在该区间上的变化可表示为：

$$z(s+T) - z(s) = \sum_{i=1}^{n} \varepsilon_i \sqrt{\Delta t} \qquad (3-1)$$

其中，各个 ε_t 是相互独立的。由中心极限定理可知，$z(s+T) - z(s)$ 服从均值为 0，方差为 $n\Delta t$ 的正态分布。因此 Δz 取决于 $\sqrt{\Delta t}$ 而不是 Δt。

当 $\Delta t \rightarrow 0$ 时，维纳过程在时间区间无穷小时的增量 dz 可表示为：

$$dz = \varepsilon_i \sqrt{\Delta t} \qquad (3-2)$$

其中，$\varepsilon_t \sim N(0.1)$，$E(dz) = 0$，$Var(dz) = E[(dz)2] = dt$。

当遇到两个或两个以上的维纳过程的时候，还要考虑他们之间的相关系数。假设 $z(t)$ 和 $w(t)$ 均为维纳过程，则 $E(dzdw) = \rho_{zw} dt$。由于维纳过程在单位时间上的方差和标准差都为 $E[(dz)2]/dt = 1$，所以 ρ_{zw} 不仅是这两个过程的协方差，也是它们相关系数。

将维纳过程进行推广，就得到在不确定投资理论里普遍应用的带漂移的几何布朗运动：

$$dx = \alpha dt + \sigma dz \qquad (3-3)$$

其中，dz 为维纳过程增量，α 为漂移参数；σ 为方差参数。这一过程在任何时间区间 Δt 上，服从均值为 $E(\Delta x) = \alpha \Delta t$，方差为 $Var(\Delta x) = \sigma 2 \Delta t$ 的正态分布。

3.3.1.2 伊藤引理

对带漂移的布朗运动进一步推广，得到伊藤过程：

$$dx = a(x, t)dt + b(x, t)dz \qquad (3-4)$$

这一过程对时间是连续的，但又不可微。在投资决策问题研究中，我们需要处理含有伊藤过程的函数，求它们的导数。伊藤引理可以解决这一问题，可把伊藤引理看作为一种泰勒展开式。

假设 $F(x, t)$ 对 x 至少是二阶可微的，对 t 至少是一阶可微的。求 $F(x, t)$ 的全微分 dF，可表示为式（3-5）：

$$dF = \frac{\partial F}{\partial x}dx + \frac{\partial F}{\partial t}dt \tag{3-5}$$

若包括 x 的高阶微分，则式（3-5）可展开为：

$$dF = \frac{\partial F}{\partial x}dx + \frac{\partial F}{\partial t}dt + \frac{1}{2}\frac{\partial^2 F}{\partial x^2}(dx)^2 + \frac{1}{6}\frac{\partial^3 F}{\partial x^3}(dx)^3 + \cdots \tag{3-6}$$

在普通微分里，高阶无穷小项可以忽略。展开式（3-6）第三项和第四项，首先可确定 $(dx)^2$ 为

$$d(x)^2 = a^2(x, t)(dt)^2 + 2a(x, t)b(x, t)(dt)^{\frac{3}{2}} + b^2(x, t)dt \tag{3-7}$$

其中，$(dt)^{3/2}$ 和 $(dt)^2$ 是 dt 的高阶无穷小，忽略这些项。(dx^3) 展开后，所有关于 dt 的阶数都大于1，因此忽略 (dt^3)。

由伊藤引理给出的 dF 的微分为：

$$dF = \frac{\partial F}{\partial x}dx + \frac{\partial F}{\partial t}dt + \frac{1}{2}\frac{\partial^2 F}{\partial x^2}(dx)^2 \tag{3-8}$$

将式（3-8）代入式（3-4），重新展开得到：

$$dF = \left[a(x, t)\frac{\partial F}{\partial x} + \frac{\partial F}{\partial t} + \frac{1}{2}b^2(x, t)\frac{\partial^2 F}{\partial x^2}\right]dt + b(x, t)\frac{\partial F}{\partial x}dz \tag{3-9}$$

因此，若 $F = F(x_1, x_2, \cdots, x_n, t)$ 是关于时间 t 和 n 个伊藤过程 x_1，x_2，$\cdots$，x_n 的函数，其中 $dx_i = a_i(x_1, x_2, \cdots, x_n, t)dt + b_i(x_1, x_2, \cdots, x_n, t)dz_i$ $(i = 1, 2, \cdots, n)$，且 $E(dz_i dz_i) = \rho_{ij}dt$。则伊藤引理给出的全微分 dF 为式（3-10）：

$$dF = \left[\frac{\partial F}{\partial t} + \sum_i a_i(x_1, \cdots, t)\frac{\partial F}{\partial x_i} + \frac{1}{2}b^2(x_1, \cdots, t)\frac{\partial^2 F}{\partial x_i^2}\right.$$
$$\left. + \frac{1}{2}\sum_{i \neq j}\rho_{ij}b_i(x_1, \cdots, t)b_j(x_1, \cdots, t)\frac{\partial^2 F}{\partial x_i \partial x_j}\right]dt + \sum_i b(x_1, \cdots, t)\frac{\partial F}{\partial x_i}dz_i \tag{3-10}$$

3.3.2　动态规划

$dV = \alpha V dt + \sigma V dz$ 隐含着当前项目价值是已知的，但是未来项目价值是对数正态分布的，其方差随着时间线性增长。因此，尽管随着时间的推移企业有了新的信息，项目未来价值也是一直不确定的，这一过程可以看作是大多数实物投资项目的抽象。

企业将投资机会看作永久性看涨期权，即预先制订的价格执行项目的权利而不是义务。这一问题不仅可以看作是期权问题，更是动态规划问题，可

以用两种方法结合求解。

用 F（V）表示投资的期权价值，我们希望得到 F（V）最大化，即式(3-11)：

$$F（V）= \max E\left[（V_T-I）e^{-rT}\right] \tag{3-11}$$

其中，E 为预期，T 为做出投资的未来时间，r 为贴现率。

3.3.2.1 确定过程

在确定的情形下，项目齐全价值可表示为式（3-12）所示，

$$F（V）= \max E\left[（Ve\alpha T-I）e-rT\right] \tag{3-12}$$

假定 $\alpha>0$，V（t）将随着时间下降，如果 $V>I$，应立即进行投资，否则永不投资。因此，项目的期权价值的最小值为 0，得到式（3-13）

$$F（V）= \max\left[（V-I），0\right] \tag{3-13}$$

当 $0<\alpha<\rho$ 时，即使 $V<I$，也会出现 F（V）>0，式（3-12）的一阶条件为

$$\frac{dF}{dT} = -（\rho-\alpha）Ve^{-（\rho-\alpha）T} + \rho Ie^{-\rho T} = 0 \tag{3-14}$$

整理得到，最佳投资时间的表达式（3-15）

$$T^* = \max\left\{\frac{1}{\alpha}\log\left[\frac{\rho I}{（\rho-\alpha）}\right]，0\right\} \tag{3-15}$$

当 $T^*=0$ 时，如果 $V>V^*$ 应立即进行投资，则得到最佳投资时刻的项目最大价值，即式（3-16）

$$V^* = \frac{\rho}{\rho-\alpha}I > I \tag{3-16}$$

由以上式（3-15）和（3-16）可以得到项目期权价值 F（V）的解，

$$F(V) = \begin{cases} \left(\dfrac{\alpha I}{\rho-\alpha}\right)\left[\dfrac{（\rho-\alpha）V}{\rho I}\right]\dfrac{\rho}{\alpha}，& V \leqslant V^* \\ V-I，& V > V^* \end{cases} \tag{3-17}$$

在随机情境下，$\sigma>0$，V 是随机变化的，T 无法像确定情形下一样确定。一旦 $V \geqslant V^*$ 应立即进行投资。更高的 V^* 使项目具有更高的等待价值。任何对 V^* 产生影响的因素都会影响投资时机的选择。

3.3.2.2 动态规划求解

假设在每一阶段 t，企业面临多种选择，u 为控制变量，$u=0$ 时，表示企业选择等待，$u=1$ 时，表示企业决定立即投资。x_t 表示企业的状态变量。

当企业选择控制变量 u_t 时，即期现金流为 $\pi_t(x_t，u_t)$，在下一阶段($t+1$)

的状态为 x_{t+1} ，最优投资决策结果为 $F_{t+1}(x_{t+1})$ 。在 t 时刻，这一结果是随机变量，我们要取它的期望值 $E_t[F_{t+1}(x_{t+1})]$ 。因此，贴现到 t 时刻，即期现金流和该持续价值和为式（3-18）：

$$\pi_t(x_t, u_t) + \frac{1}{1+\rho}E_t[F_{t+1}(x_{t+1})] \tag{3-18}$$

通过确定 u_t ，最大化期权价值为：

$$F_t(x_t) = \max\left\{\pi_t(x_t, u_t) + \frac{1}{1+\rho}E_t[F_{t+1}(x_{t+1})]\right\} \tag{3-19}$$

式（3-18）即为贝尔曼方程。

研究 $\Delta t \to 0$ 的极限状态，在 Δt 内贴现因子为 $\dfrac{1}{1+\rho\Delta t}$ ，获得的利润为 $\pi(x, u, t)\Delta t$ ，贝尔曼方程变为，

$$F(x, t) = \max\{\pi(x, u, t)\Delta t + (1+\rho\Delta t)^{-1}E[F(x', t+\Delta t)]\} \tag{3-20}$$

两边同时乘以 $(1+\rho\Delta t)$ ，整理得

$$\begin{aligned}\rho\Delta t F(x, t) &= \max\{\pi(x, u, t)\Delta t + E[F(x', t+\Delta t) - F(X, T)]\} \\ &= \max\{\pi(x, u, t)\Delta t(1+\rho\Delta t) + E[\Delta F]\}\end{aligned} \tag{3-21}$$

两边同时除以 Δt ，并令 $\Delta t \to 0$ ，得

$$\rho F(x, t) = \max\left\{\pi(x, u, t) + \frac{1}{dt}E[dF]\right\} \tag{3-22}$$

其中，等式左边表示单位时间内的收益；等式右边表示资产在单位时间内的预期收益，第一项表示资产的当期回报或者分红，第二项表示期权的资本收益率。

综上所述，企业信息化项目投资在连续时间段内的贝尔曼方程（在时间段 dt 内，投资机会的预期总回报是低于其资本的预期增值率）为式（3-23）：

$$\rho F dt = E(dF) \tag{3-23}$$

3.4 本章小结

本章节内容是贯穿本书研究的重要概念、模型以及应用理论方法，是本研究展开的重要理论基础，分别对云计算理论、结构方程模型相关理论以及不确定投资理论进行具体阐述。可以看出，这些理论方法严谨，方法步骤健全，可以有效地解决本研究涉及的各类关键问题。

通过云计算理论和应用进行系统分析后，本研究得到云服务对企业信息技术项目投资路径产生的影响。在此基础上，分别站在供应商和使用者两大角度梳理了投资决策模型构建时应妥善处理的新变革和应用措施，具体如下。

对于信息系统与信息技术的云服务供应商应注意如下问题：

第一，大量的前期成本。客户通过互联网直接使用部署供应的服务器的信息系统和信息技术。为了满足用户的使用需求，供应商企业必须具备完备、充裕的资源和服务设施。如果用户过少，服务器和资源就会出现浪费。因此，在进行研发投资决策前期，要从项目周期、市场回报、投入成本、消费者心理、消费者服务等多个角度对云服务进行定性与定量的全面分析。在满足消费者服务需求的前提下，尽可能减少资源浪费，进而得到更高的投资回报率，平衡好研发投入和市场回报的关系。

第二，无单位可变成本。信息系统和信息技术云供应商出售的是服务，不是传统的实物产品，这项服务可以通过互联网直接获取，不需要客户端的安装部署，同时免除了客户的后期管理与运维。因此云服务售出时不再受到单位可变成本的局限。

第三，产品异质性。云计算服务还有一个显著的特点是按需服务，用户可以按照自己的具体需要，选择信息系统或者信息技术的特定模块，不需要购买全部软件。因此，拥有更多功能的平台会受到更多用户的青睐。企业为了获得更多的收入，可以开发更多的产品功能。然而，某一时期市场需求容量有限，价格提升的能力有限，过多的研发投入会带来更多的成本，不断提升研发投入的决策并不是最优的。

对于信息系统与信息技术的云服务使用者应当注意以下问题：

其一，确定的项目成本。用户的购买成本几乎只在期初发生。信息系统和信息技术云的重要特征就是近乎瞬时使用，购买即可使用。客户只需要在使用前付费购买资源和权限，即可使用云服务上的信息系统和信息技术。用户本地不需要进行任何基础硬件的安装以及维护。发生在后期的费用，也仅有软件升级的费用。对于云服务使用者来说，信息系统和信息技术云升级项目投资的成本是确定。

其二，不确定的项目价值。新的信息系统与信息技术项目未来的价值是不确定的，云服务的架构，并没有改变信息系统和信息技术未来价值不确定的特点。随着新系统和新技术的使用，用户会对新系统和新技术的效率逐渐有更为清晰的评估，但是这种不确定性不会消失，是一直存在的。

其三，更快的产品更迭。信息系统与信息技术云的更新速度越来越快，用户在进行信息系统或者信息技术升级的时候，不能仅仅考虑单期的项目投资决策，而是要把眼光放长远，考虑到未来多期的新系统和新技术，结合未来可预测时间内的新信息系统或者信息技术的到来时间和技术效率进行项目组合的投资决策，探索在未来一段时间内的投资决策集。

企业信息技术项目投资升级效益分析

通过大量的文献研究我们发现，信息化评价的理论和方法主要针对在企业现有信息系统与信息技术的绩效评价，而适用于尚未实施的新系统和新技术的评价体系并不多见。本书中，信息系统与信息技术云使用者进行信息技术项目投资的目的在于升级和更新其原有的信息系统或信息技术，提升企业的管理运维能力。然而这些能力提升对企业的成本和利润流的影响并不是直接的，而是通过管理运维能力的升级间接地促进企业生产经营能力的增强，进而提升企业的总体盈利能力。由此可见，信息系统的持续升级对企业的生存和发展起着至关重要的作用。现阶段企业信息系统与信息技术升级对企业的各项生产经营和管理运维能力的提升效果以及他们之间的路径关系尚未有一个统一的标准，企业管理运维能力对盈利能力的促进作用也亟待梳理。

著名标杆公司 Benchmarking Partners 曾经于 2002 年对企业实施信息化后的升级效益指标进行研究，通过大量的调研确立出企业进行信息技术项目投资对企业各方面管理运维能力和盈利直接相关指标的提升水平。然而，由于这些指标样本的获取主要来源于欧美国家的大型企业，且年代较为久远，指标数据不具备良好的时效性和适用性。研究信息系统与信息技术云使用者的投资决策问题，首当其冲的就是要明确企业信息系统和信息技术升级的预期目标，即信息化升级效益水平的提升程度以及这些指标间的路径关系，进而确定企业信息化升级项目的价值，建立项目回报函数。

本章的研究目的旨在为信息技术项目投资的深入研究建立坚实的理论基础和数据支撑。信息化升级项目指企业用于辅助管理运维的非生产技术的信息系统与信息技术的升级更新项目，如管理信息系统和制造执行系统升级项目。通过建立信息化升级效益指标调查问卷，获取我国 700 余家企事业单位进行信息化升级后各项生产经营和管理运维能力的提升水平。在数据处理过程中，主要使用的统计方法为描述性统计、信度分析、因子分析以及结构方程模型分析法。首先对收集到的数据进行信度分析，判断数据是否可用于信息化升级效果的分析评价。然后，在数据可信的前提下，对数据进行描述性统计分析，得到信息化升级效益指标水平等基本数据特征。之后，采取因子分析的方法对信息化升级效益指标进行降维，分别构造出直接经济效益潜在变量和间接经济效益的潜在变量。最后，根据各个潜在变量间以及潜在变量与观测变量间的逻辑关系建立结构方程模型，对各个变量间的路径过程进行分析，归纳总结信息化升级效益指标的平均水平以及各个指标因素间的路径关系，分析管理运维能力的提升对企业利润流增加或成本减少的促进过程，探讨信息化升级项目的量化方法。

综上所述，本章研究的具体过程如图 4-1。

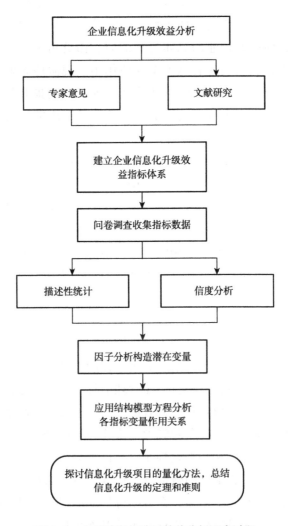

图 4-1 企业信息化升级效益分析研究过程

4.1 企业信息技术项目投资升级要素分析

4.1.1 信息技术项目投资升级效益指标体系构建

本书中信息化升级项目主要指对管理信息系统和制造执行系统等管理和监控企业各项生产经营活动的信息系统和信息技术的升级项目，信息化与云计算的结合，使管理者对企业各方面活动的控制更加便利，充分实现了在移动端的管理，但是信息系统和信息技术的本质并没有发生改变，变化的仅仅是使应用的过程更加便捷。

企业获取新的信息系统与信息技术，即实施信息化升级项目，对企业原有的信息系统进行更新换代，可以使企业信息系统与信息技术的管理运维能力得到显著提升。根据 Benchmarking Partners 在 2002 年对企业信息化效益的分析（表4-1）可以看出，企业信息化对企业的影响是多方面的，不仅仅会实现企业的生产运作能力和综合管理能力的增强，还会促进企业的利润流提升和成本减少。Benchmarking Partners 指标体系可以为我们信息化升级效益指标的研究提供理论支持，由于技术的更迭和调研时间过久，以及调研公司地域的局限性等缺陷，这些指标数据并不能很好地为现阶段我国的信息化建设研究提供支持。本文拟在 Benchmarking Partners 指标的基础上，基于国内企业信息化升级的切实目的进行整改，确立新的信息化升级效益指标，建立调查问卷，对我国 700 余家中小型企业进行问卷调查，得到我国企业进行信息化升级后，企业各项管理运维能力、生产盈利能力等的改善情况。

表4-1 信息技术项目投资效益表

指标	效益（%）	指标	效益（%）
生产成本降低	11—24	人员减少	33—44
采购成本降低	17.5—20	准时交货率提高	3—9
销售费用降低	8—11	库存资金降低	40—48
生产效率提高	23—32	财务结算周期缩短	12—30
现金管理	13—24	收入或利润增加	18—22
应收账款减少	6—7	订单处理周期减少	18—32

4.1.2 企业信息技术项目投资升级效益指标及解释

企业的信息化升级能够实现管理运维能力的提升，进而间接推动企业整体盈利能力的增强。因此，企业对其信息系统或信息技术进行升级后，不仅可以得到更高效的信息系统和技术，还可以促进利润流提升和成本减少，进而提升企业整体盈利能力。Benchmarking Partners 给出的升级效益指标主要表现为信息化项目实施后，企业各方面能力的改善：生产成本降低、采购成本降低、销售费用降低、生产效率提高、现金管理提升、应收账款减少、人员减少、准时交货率提高、库存资金降低、财务结算周期缩短、收入或利润增加、订单处理周期减少。我国企业信息化建设的目的与这些指标大部分相吻合，然而根据专家的意见和文献研究发现，现金管理能力的提升和应收账款的管理并不是信息化升级的主要目的，因此我们删去这两项指标。这些指标中，有的直接体现在企业利润流方面和成本过程方面，直接导致企业盈利能力的增加和成本的减少，例如：生产成本减低、采购成本的降低、销售费用的降低、收入或利润的增加。另一些指标则反应企业管理运维能力的提升，例如：生产效率的提高、人员减少、准时交货率提升、库存资金降低、购物结算周期缩短、订单处理周期缩短等。

表 4-2 企业信息化升级效益指标解释

效益指标名称	指标含义	计算方法
生产成本降低	企业进行信息化升级后，生产产品成本的减少水平	(信息化升级前单位产品成本/信息化升级后单位产品成本)
采购成本降低	企业进行信息化升级后，原材料采购成本的减少水平	(信息化升级前的采购成本/信息化升级后的采购成本)
销售费用降低	企业进行信息化升级后，产品销售费用的减少水平	(信息化升级前的销售费用/信息化升级后的销售费用)
生产效率提高	企业进行信息化升级后，生产效率的提升水平	(信息化升级后的生产能力/信息化升级前的生产能力)
人员减少	企业进行信息化升级后，车间工作人员的减少水平	(信息化升级前车间工人人数/信息化升级后车间工人人数)
准时交货率提高	企业进行信息化升级后，准时交货能力的提升水平	(信息化升级后准时交货率/信息化升级前准时交货率)

续表

效益指标名称	指标含义	计算方法
库存资金降低	企业进行信息化升级后，库存资金的减少水平	（信息化升级前的库存资金/信息化升级后的库存资金）
财务结算周期缩短	企业进行信息化升级后，财务结算周期缩短水平	（信息化升级前的财务结算周期/信息化升级后的财务结算周期）
收入或利润增加	企业进行信息化升级后，产品销售利润提升水平	（信息化升级后销售利润/信息化升级前的销售利润）
订单处理周期缩短	企业进行信息化升级后，订单处理周期的缩短水平	（信息化升级前订单处理周期/信息化升级后订单处理周期）

上述指标可通过调查问卷中基于相应问题设置的 A、B、C、D、E 五种选项得到，从 A 到 E 分别表示信息化升级后，企业管理运维和生产经营能力从 0% 到 100% 的提升水平，根据 Benchmarking Partners 的指标体系建立选项，各个选项的区间为（5%—15%）。问卷具体形式见附录 A。

4.2 问卷调查与数据处理

本文主要调查主体有制造业、现代服务业等国内 700 多家企业，不涉及学校、政府机构等非营利组织，其中企业规模主要为 50—500 人的中小型企业，在附录 B 中有部分企业的数据。通过问卷星公司的支持，力求获得企业生产经营和管理运维能力提高的最直观的一手信息。通过四周时间的努力，获取问卷 700 余份，最终筛选清理大量无用问卷，得到 592 份有效问卷用于研究。样本来源的地理位置分布如图 4-2 所示。

结合图 4-2 与样本企业行业和企业规模的简述不难发现，数据样本覆盖区域相对全面，包含国内众多重点城市在内，特别是广东、江苏、浙江等珠江三角洲以及长江三角洲区域的公司占据了比较大的比重。样本企业均为营利性企业，且企业规模符合中小型企业规模特点，因此，能够确保数据研究的有效性和准确性。此外，本次分析期间所有指标数据都是效益提升水平，具备同一量纲，因此无须对数据进行无量纲化处理。

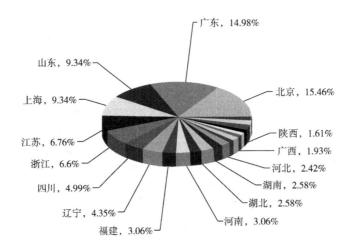

图 4-2　问卷样本地理位置分布

4.2.1　样本数据信度分析

在进行模型验证前，需要考察测量数据的一致性或稳定性情况。指标变量测量结果和实际数据有着相应的偏差，但误差会随着信度上升而减少，如果相应情况下观测值没有明显的变化，那么结果也将更加真实可靠。所以，本文将克朗巴哈 Alpha 系数确定成数据信度测量的标准，对调研数据实施信度研究。1951 年，克朗巴哈（Cronbach）成功验证克朗巴哈 Alpha 系数的有效性，把测量表内所有结果和其他项进行比较，以此确认测量表是否合理。具体 Alpha 系数的公式为式（4-1）[152]：

$$\alpha = \frac{n}{n-1}\left[1 - \frac{\sum_{i=1}^{n}\sigma_i^2}{\sum_{i=1}^{n}\sigma_i^2 + 2\sum_i^n\sum_j^n\sigma_{ij}}\right] \tag{4-1}$$

其中，n 代表测量时对应指标数，σ_i 代表指标 i 有效方差，σ_{ij} 代表指标 i、j 对应协方差。本文通过 SPSS 对数据一致性信度进行探究，最终结果如表 4-3 和 4-4 所示：

表 4-3　数据化升级效益的可靠性统计量

Cronbach's Alpha	基于标准化项的 Cronbachs Alpha	项数
0.812	0.849	10

表4-4 信息化升级效益的可靠性统计量

	已删除的 刻度均值	已删除的 刻度方差	校正的项 总计相关性	多相关性的 平方	已删除的 Cronbach's Alpha 值
生产成本降低	127.668 9	1 480.032	0.578	0.357	0.790
库存资金降低	118.589 9	1 170.226	0.516	0.291	0.813
人员减少	125.989 1	1 350.600	0.445	0.287	0.806
利润提升	126.782 4	1 464.065	0.541	0.368	0.791
销售费用减少	133.063 0	1 568.072	0.563	0.341	0.798
采购成本降低	128.190 8	1 434.804	0.611	0.394	0.785
准时交货率提高	133.490 8	1 623.545	0.431	0.298	0.807
购物结算周期缩短	130.615 1	1 518.224	0.537	0.361	0.795
生产效率提升	122.934 5	1 375.823	0.578	0.414	0.785
订单处理周期缩短	123.089 9	1 383.393	0.589	0.406	0.784

一般而言，Alpha 系数若是超过 0.9，代表具备较好的信度；若是处在 0.8—0.9 范围内，则相对合理；若是处在 0.7 到 0.8 之间，勉强接受且量表需做修改；如果小于 0.7，则应放弃并重新设计调查问卷。由表4-3可知，信息化升级效益指标的总体 Alpha 系数为 0.849，代表观测值信度可取。表4-4则说明若是去掉指定指标时，总体信度出现改变的统计值。其中，"校正的项总计相关性"代表指标与整体对应的系数，若是相关系数偏小，则代表两者间并不存在紧密的相关性，需要重新选择更合理的变量。结合表4-4可知，准时交货率的提升和人员减少两项指标得分为 0.445 和 0.431，略小于 0.5。由于指标总体 Alpha 系数较好，放宽条件，接收这两项指标。综上，信息化升级效益指标确立为：生产成本降低、采购成本降低、销售费用降低、生产效率提高、人员减少、库存资金降低、财务结算周期缩短、收入或利润增加、订单处理周期减少、准时交货率提升。

4.2.2 样本数据的描述性统计

对数据进行清理后，得到有效问卷数据 595 组，用 SPSS 统计分析软件对企业信息化升级效益指标进行描述性统计，可得到信息化升级效益指标的各项数据特征，如表4-5和表4-6。

表 4-5　信息化升级效益的项统计量

指标项	均值	标准偏差
生产成本降低	13.488 2	5.187 71
库存资金降低	22.567 2	11.992 90
人员减少	15.168 1	9.228 05
利润提升	14.374 8	5.791 98
销售费用减少	8.094 1	3.525 22
采购成本降低	12.966 4	5.811 19
准时交货率提高	7.666 4	3.019 17
购物结算周期缩短	10.542 0	4.712 96
生产效率提升	18.222 7	7.225 82
订单处理周期缩短	18.067 2	6.978 48

表 4-6　信息化升级效益指标的相关性矩阵

	生产成本降低	库存资金降低	人员减少	利润提升	销售费用减少	采购成本降低	准时交货率提高	购物结算周期缩短	生产效率提升	订单处理周期缩短
库存资金降低	0.427	1.000	0.372	0.321	0.335	0.377	0.225	0.277	0.317	0.359
生产成本降低	1.000	0.427	0.392	0.384	0.406	0.442	0.246	0.293	0.392	0.332
人员减少	0.392	0.372	1.000	0.195	0.368	0.351	0.078	0.288	0.242	0.293
利润提升	0.384	0.321	0.195	1.000	0.419	0.461	0.366	0.376	0.465	0.386
销售费用减少	0.406	0.335	0.368	0.419	1.000	0.409	0.319	0.315	0.380	0.397
采购成本降低	0.442	0.377	0.351	0.461	0.409	1.000	0.303	0.406	0.440	0.426
准时交货率提高	0.246	0.225	0.078	0.366	0.319	0.303	1.000	0.400	0.442	0.373
购物结算周期缩短	0.293	0.277	0.288	0.376	0.315	0.406	0.400	1.000	0.424	0.502
生产效率提升	0.392	0.317	0.242	0.465	0.380	0.440	0.442	0.424	1.000	0.492
订单处理周期缩短	0.332	0.359	0.293	0.386	0.397	0.426	0.373	0.502	0.492	1.000

　　由此，我们可以得到信息化升级对企业各方面生产经营能力的提升程度的均值，进而建立企业信息技术项目投资效益表 4-7，即企业进行信息系统升级后各方面管理运维和生产经营能力的提升水平。

表 4-7   我国中小型企业信息技术项目投资效益表

指标	效益（%）
生产成本降低	13.49
采购成本降低	12.97
销售费用降低	8.09
生产效率提高	18.22
人员减少	15.17
准时交货率提高	7.67
库存资金降低	22.57
财务结算周期缩短	10.54
收入或利润增加	14.37
订单处理周期减少	18.07

4.3   企业信息技术项目升级效益指标路径的建立

4.3.1   因子分析确定潜在变量

信息化对企业管理运维和生产经营各方面能力的提升不仅体现在企业的直接的经济效益，还有企业管理能力和业务能力等方面。管理能力和业务能力不直接作用于企业利润流和成本过程，但是对企业盈利能力的提升有着间接的促进作用。因此我们确定两大类因素：

（1）直接经济效益指标：生产成本降低、利润提升、销售费用减少、采购成本降低；

（2）间接经济效益指标：生产效率提升、人员减少、准时交货率提高、库存资金降低、财务结算周期缩短、订单处理周期减少。

其中，直接经济效益指标，是企业利润流提升和成本减少等这些直接体现企业盈利能力的经济效益指标。而间接经济效益指标，则是企业管理运维能力和业务处理能力等。考虑到有效市场下，企业产品销量稳定，生产效率的提升只能提升企业产品生产速度，无法增加产品销量，不能直接作用于企业利润流，因此定义生产效率提升为间接经济效益指标。

本书中，两组信息化升级指标并不集中，导致研究期间的难度加大，容易使最终结果出现误差。若想改良模型，让最终结果稳定可靠，必须获得隐性变量测量模型。此前提到，因子分析法可以实现合理的降维，所以文中通过 SPSS 完成上述十个信息化升级效益指标的研究，利用主成分研究和正交旋转法获得公共因子。结合 SPSS 软件，对这 2 组变量进行因子分析，结果如表4-8：

（1）直接经济效益因子分析。结合表 4-8 不难发现，KMO 是 0.806，Sig. 则是 0.000，则代表样本规模合理，同时符合正态分布要求。结合表 4-9可知，结合主成分研究与最大方差两种处理模式，所得特征值超过 1 的因子，只能提取出一组因子，且初始特征值大于 1 的因子的累计值仅为 56.53%。因此，这组数据不适合做因子分析降维，应当作为一组整体指标进行分析。

表 4-8　直接经济效益指标因子分析的 KMO 和 Bartlett 最终结果

合理的 Kaiser-Meyer-Olkin 度量		0.806
Bartlett 球形度探索	相近卡方	490.526
	df	6
	Sig.	0.000

（2）间接经济效益因子分析。KMO 能够了解变量间存在的偏相关性，对比变量间简单相关及偏相关程度，从而确认该数据能否进行因子研究，其取值区间是（0，1）。若 KMO 最终结果超过 0.6，则比较合理。Bartlett 检验则能够确认样本数据是否存在多元正态分布。

表 4-9　直接经济效益指标因子分析解释的总方差

成分	初始特征值			提取平方和载入		
	合计	方差的%	累积%	合计	方差的%	累积%
1	2.261	56.530	56.530	2.261	56.530	56.530
2	.617	15.433	71.963			
3	.602	15.044	87.006			
4	.520	12.994	100.000			

表4-10　直接经济效益指标因子分析的成分矩阵

	成分		成分
	1		1
收入或利润提升	0.754	采购成本降低	0.775
销售费用减少	0.739	生产成本降低	0.739

结合表4-11不难发现，KMO是0.794时，Sig.是0.000，则代表样本规模合理，同时符合正态分布要求。表4-12中，结合主成分研究与最大方差两种处理模式，所得特征值超过1的因子有2个，前2个因子的累计值达到72.670%，在大样本下勉强符合标准。因子分析最适宜的情况是在80%以上。由于KMO和显著性检验表现良好，放宽条件，数据可用来进行因子分析。

表4-11　间接经济效益指标因子分析的KMO和Bartlett最终结果

合理的 Kaiser-Meyer-Olkin 度量		0.794
Bartlett 球形度探索	相近卡方	782.895
	df	15
	Sig.	0.000

表4-12　间接经济效益指标因子分析的解释的总方差

组成	初期特征值			提出平方与载入		
	合计	方差%	累计%	合计	方差%	累计%
1	2.731	45.513	45.513	2.731	45.513	45.513
2	1.029	27.157	72.670	1.029	17.157	62.670
3	0.671	7.176	79.845			
4	0.562	7.374	86.219			
5	0.554	6.231	92.450			
6	0.453	7.550	100.000			

根据0.5原则，在各个成分里大于0.5的因素即是该成分下的因素。通过表4-13我们发现，成分矩阵中0.5原则不能很好地适用。各个成分下的因素没有显著的差距。因此，我们对间接经济效益指标的成分矩阵采用Kaiser

标准化的四分旋转法进行旋转。

表 4-13 间接经济效益指标因子分析的成分矩阵

	成分	
	1	2
库存资金降低	0.608	0.456
人员减少	0.517	0.693
准时交货率提高	0.630	−0.523
购物结算周期缩短	0.736	−0.136
生产效率提升	0.745	−0.214
订单处理周期缩短	0.775	−0.060
库存资金降低	0.608	0.456

旋转成分矩阵经过三次迭代后收敛，通过表 4-14 我们得到两个旋转成分矩阵。这两个成分下的信息化升级绩效指标分别为：成分 1：购物结算周期缩短、订单处理周期缩短、准时交货率提升、生产效率提升；成分 2：库存资金降低、人员减少。

表 4-14 间接经济效益指标因子分析的旋转成分矩阵

	成分	
	1	2
库存资金降低	0.352	0.673
人员减少	0.168	0.848
准时交货率提高	0.794	−0.201
购物结算周期缩短	0.723	0.194
生产效率提升	0.764	0.128
订单处理周期缩短	0.725	0.280

综上所述，根据直接经济效益指标和间接经济效益指标的因子载荷矩阵，直接经济效益指标，不需要降维，可作为一个潜在变量指标，其观测变量为：生产成本降低、利润提升、销售费用减少、采购成本降低。

间接经济效益指标可构造成两个潜在变量：

构造变量 1，定义为企业经营能力——库存资金降低、人员减少；

构造变量 2，定义为企业业务能力——生产效率提升、购物结算周期缩短、订单处理周期缩短、准时交货率提升。

4.3.2 潜在变量效度分析

在进行下一步研究前，需要对指标变量的效度进行检验。效度反映了测量指标与潜在变量之间的关系。前文在对测量数据进行信度分析时，各个信息化升级效益指标的总体相关系数基本都大于 0.5，只有人员减少和订单准时交货率两项指标略低于 0.5，因为数据收集问卷时，采取的区间的方式定义信息化升级效益，而不是采取准确的值点，我们放宽要求，不再讨论。直接经济效益指标、企业业务能力和企业经营能力这三个潜在变量的因子负载量均超过 0.5，且各观测变量与相应潜在变量均为显著相关。直接经济效益不需要降维；间接经济效益指标构造出的两个潜在变量（业务能力和管理能力）在 3 次迭代后收敛，说明各潜在变量收敛度较好。

4.3.3 模型路径构建

本文采用 AMOS 统计软件构建信息化升级效益的结构方程模型，分析各变量之间的路径关系，检验模型内部结构是否合理。模型内部包含 3 个潜在变量：信息化升级的直接级经济效益、信息化升级业务能力、信息化升级管理能力，其中第一个因素为内生变量，后两个因素为外生变量，内生变量受两个外生变量共同作用的影响。由于信息系统与信息系统的优化升级不直接作用于企业的利润流和成本，而是通过提高企业的各项管理运维能力，间接地促进企业盈利能力的增强，因此，间接经济效益与直接经济效益指标间存在着因果关系。两项间接经济效益指标存在相互作用关系，10 个信息化升级效益指标作为其对应潜在变量的观测变量。利用 AMOS 绘制模型路径图，即图 4-3、表 4-15 表示各个符号对应的观测指标变量，e1—e11 为误差项。其中，因果潜变量间的标准化路径系数表示直接效果值；潜变量和观测变量的标准化路径系数为因素负荷量；非因果潜变量即双箭头间的标准化路径系数表示变量间相关系数。

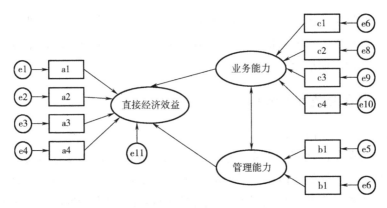

图 4-3 信息化升级效益指标结构方程模型路径图

表 4-15 信息化升级效益指标与变量符号对应表

变量符号	变量名称	变量符号	变量名称
a1	生产成本降低	b2	人员减少
a2	利润或者收益提升	c1	准数交货率提升
a3	销售费用减少	c2	购物结算周期缩短
a4	采购成本降低	c3	订单处理周期缩短
b1	库存资金减少	c5	生产效率提升

4.3.4 模型拟合度检验

结构方程模型在进行模型拟合度校验时，对比样本协方差矩阵与参数估计得出的理论协方差矩阵间的差异，当样本矩阵和参数矩阵的残差值越趋近于 0 时，说明模型数据拟合性良好，建立在此数据之上的理论模型是可信合理的。本文在分析信息化升级效益指标路径的结构方程运行结果的同时，对模型拟合结果进行探讨，力求得到拟合度良好、信度达标的模型。AMOS 运行结果中选取模型拟合度校验时主要应用的几项指标，并与第 3 章表 3-1 模型匹配检验综合表中的指标数据进行对比。得到拟合结果表 4-16。

CMIN/DF 为 3.628，略大于标准范围 1—3，但是由于本实验样本量较大可适当放宽标准到 3—5，因此 CMIN/DF 勉强符合标准。GFI、NFI、IFI、TLI 和 CFI 均大于 0.9，符合普通标准，RFI 为 0.877，略小于标准范围。AGFI、PGFI、PNFI、PCFI 均大于 0.05，RMSEA 小于 0.08，符合标准。模型拟合度勉强符合标准，不甚理想。因此，本文决定对模型进行修正指标（Modification Indices，MI）修正。

表 4-16　模型初始拟合结果

统计检验量	绝对适配度指数标准	模型拟合结果
绝对匹配度指数		
CMID/DF 值	<2.00（严谨）或<3.00（普通）	3.628
RMSEA 值	<0.08（若<0.05良好；<0.08普通）	0.069
GFI 值	>0.90 以上	0.959
AGFI 值	>0.90 以上	0.930
比较适配度指数		
NFI 值	≥0.95 以上（普通适配为>0.90）	0.912
RFI 值	≥0.95 以上（普通适配为>0.90）	0.877
IFI 值	≥0.95 以上（普通适配为>0.90）	0.935
TLI 值（NNFI 值）	≥0.95 以上（普通适配为>0.90）	0.908
CFI 值	≥0.95 以上（普通适配为>0.90）	0.934
简约适配度指标		
PGFI 值	>0.50 以上	0.558
PNFI 值	>0.50 以上	0.649
PCFI 值	>0.50 以上	0.664

4.3.5　模型修正

AMOS 中关于模型修正的方法主要有两种，分别是模型拓展和模型限制。本文通过对模型进行 MI 修正，提升模型拟合优势度。观察表 4-17，本文中所有指标都符合显著性检验 P 值，不需要删除指标项。

表 4-17　路径中各变量的回归权重

路径关系	Estimate	S. E.	C. R.	P	Label
经济效益　←　管理能力	0.239	0.050	4.802	***	par_ 6
经济效益　←　业务能力	1.102	0.212	5.192	***	par_ 7
a1　←　经济效益	0.913	0.084	10.844	***	par_ 1
a2　←　经济效益	1.000				

路径关系			Estimate	S. E.	C. R.	P	Label
a3	←	经济效益	0.619	0.057	10.772	***	par_ 2
a4	←	经济效益	1.101	0.096	11.441	***	par_ 3
c1	←	业务能力	1.000				
c2	←	业务能力	1.818	0.192	9.459	***	par_ 4
b1	←	管理能力	1.000				
b2	←	管理能力	0.720	0.081	8.926	***	par_ 5
c3	←	业务能力	2.712	0.279	9.736	***	par_ 8
c4	←	业务能力	2.883	0.293	9.840	***	par_ 10

MI 是 AMOS 在构建结构方程模型中，用以建立相互关系或者增加因果路径的指标。在表 4-18 中给出了各观测变量残差间建立某种联系时，对应 MI 数值的减少以及 Par Change 对应数值协方差或者回归系数的变化量。本文原则上从 MI 值最高的的参数关系开始修正，每次只修正一个参数。

表 4-18　初始模型的修正指数

残差项			MI	Par Change
e10	↔	e12	6.953	2.332
e10	↔	e8	5.018	3.072
e9	↔	管理能力	8.529	−2.821
e9	↔	e8	17.712	−3.822
e5	↔	e11	5.903	1.659
e2	↔	管理能力	16.932	−7.286
e2	↔	业务能力	13.768	1.241
e2	↔	e8	22.208	−7.803
e2	↔	e9	6.820	1.355
e2	↔	e5	8.552	3.265
e1	↔	管理能力	11.947	5.513
e1	↔	业务能力	9.812	−.944
e1	↔	e8	6.457	3.790

MI 值小于 5 均为可接受范围，在修改参数关系时，遵从 SEM 假定：外因显性变量与内生潜在变量无直接联系，外因潜在变量与内生显性变量无直接联系，外因显性变量与内生显性变量无直接联系，各观测值表的残差变量与内生潜在变量无共变关系，各测量指标的残差变量之间不存在因果关系[152]。

根据表 4-18 中 MI 大于 5 的路径关系，从 e9—e8 开始依次建立联系，修正后观察模型拟合度指标与 MI 值，再从最大可修正 MI 值开始修正。经过两次修正后，各项指标 MI 指标趋近于 5 或小于 5，模型拟合度指标各项参数均达到普通或严谨范围，符合标准。图 4-19 为修正后的模型拟合情况。

表 4-19　修正后模型拟合结果

统计检验量	绝对适配度指数标准	模型拟合结果
绝对匹配度指数		
CMID/DF 值	<2.00（严谨）或<3.00（普通）	2.943
RMSEA 值	<0.08（若<0.05 良好；<0.08 普通）	0.059
GFI 值	>0.90 以上	0.969
AGFI 值	>0.90 以上	0.944
比较适配度指数		
NFI 值	≥0.95 以上（普通适配为>0.90）	0.933
RFI 值	≥0.95 以上（普通适配为>0.90）	0.900
IFI 值	≥0.95 以上（普通适配为>0.90）	0.955
TLI 值（NNFI 值）	≥0.95 以上（普通适配为>0.90）	0.932
CFI 值	≥0.95 以上（普通适配为>0.90）	0.954
简约适配度指标		
PGFI 值	>0.50 以上	0.529
PNFI 值	>0.50 以上	0.622
PCFI 值	>0.50 以上	0.636

CMIN/DF 和 GID 均符合标准，之前已符合标准的各项拟合参数进一步优化。从修正后的模型来看，改进后的结构方程模型与样本数据的契合性良好，证实了非直接经济效益指标对企业利润流的推动作用。

4.3.6 结构模型结果分析

模型运行结果的路径图与各指标因素的估计值见图 4-4 和表 4-20 至表4-23。

由图 4-4 可以看出，各测量指标与其相关潜在变量间的路径系数均在 0.5 以上，且各个变量均达到了 0.01 的显著性水平。因此各观测指标对其潜在变量的因子负荷呈较高水平，测量模型能够很好地反映各潜在变量特征。表 4-20—表 4-23 为结构模型方程输出结果，其中表 4-21 是路径中各变量的标准化回归权重。标准化回归系数是测量变量间路径效应水平的重要指标，它表示外生变量改变单位标准差所带来的内生变量的改变量，反映两个变量之间的相对变化程度。

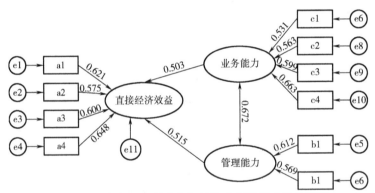

图4-4　信息化升级效益指标结构方程模型路径结果图

表 4-20　路径中各变量的回归权重

			Estimate	S. E.	C. R.	P	Label
经济效益	←	管理能力	0.229	0.055	4.208	***	par_ 6
经济效益	←	业务能力	1.118	0.231	4.849	***	par_ 7
生产成本降低	←	经济效益	0.911	0.084	10.883	***	par_ 1
收入或利润提升	←	经济效益	1.000				
销售成本降低	←	经济效益	0.621	0.057	10.847	***	par_ 2
采购成本降低	←	经济效益	1.091	0.095	11.438	***	par_ 3
准时交货率提高	←	业务能力	1.000				

	Estimate	S. E.	C. R.	P	Label
购物结算周期缩短　←　业务能力	1.668	0.186	8.979	***	par_ 4
库存资金减少　←　管理能力	1.000				
人员减少　←　管理能力	0.725	0.081	8.906	***	par_ 5
订单处理周期缩短　←　业务能力	2.503	0.268	9.334	***	par_ 8
生产效率提升　←　业务能力	2.881	0.289	9.966	***	par_ 10

表 4-21　路径中各变量的标准化回归权重

			Estimate
经济效益	←	管理能力	0.515
经济效益	←	业务能力	0.503
生产成本降低	←	经济效益	0.621
收入或利润提升	←	经济效益	0.575
销售成本降低	←	经济效益	0.600
采购成本降低	←	经济效益	0.648
准时交货率提高	←	业务能力	0.531
购物结算周期缩短	←	业务能力	0.563
库存资金减少	←	管理能力	0.612
人员减少	←	管理能力	0.569
订单处理周期缩短	←	业务能力	0.599
生产效率提升	←	业务能力	0.663

表 4-22　业务能力与管理能力的协方差

	Estimate	S. E.	C. R.	P	Label
业务能力　↔　管理能力	7.531	1.089	6.914	***	par_ 9

　　根据结构方程模型输出结果，可以得到各潜在变量之间的影响程度及路径效应水平，由此可以找出各个信息化升级效益因素间的相互作用关系。各变量、误差的显著性水平均在 0.01 以下，模型拟合度良好。

　　（1）潜变量间路径关系。由表 4-21 可知，业务能力和管理能力对经济效益的直接效应分别为 0.503 和 0.515，这些路径关系即为业务能力、管理能力对企业直接经济效益的平均转换效率。以业务能力为例，当业务能力提升

10%，会对直接经济效益产生5.043%的促进作用。超过0.5的路径系数说明，这两项能力对信息化直接经济效益的提升有很强的驱动作用。由表4-23可知，业务能力和管理能力的相互作用关系为0.672。这说明业务能力和管理能力间呈现正向相关性，具备较强的正向效应。

表4-23 业务能力与管理能力的相关系数

			Estimate
业务能力	↔	管理能力	0.672

（2）直接经济效益的观测指标。由表4-24可知，直接经济效益指标中，采购成本的降低对经济效益的促进效果最为显著，可见企业信息化升级对采购成本的降低的影响显著。其次，生产成本的降低和销售成本降低同样对企业的直接经济效益提升存在较强的促进作用。

表4-24 直接经济效益观测变量对直接经济效益潜在变量的作用关系

观测变量		外生潜变量	Estimate
生产成本降低	←	经济效益	0.621
收入或利润提升	←	经济效益	0.575
销售成本降低	←	经济效益	0.600
采购成本降低	←	经济效益	0.648

（3）业务能力的观测值表。

由表4-25可知，生产效率提升对业务能力的提升有最高的促进作用，购物结算周期缩短对业务能力提升促进效果为0.563，略小于订单处理周期的缩短0.599数值，准时交货率提高对业务能力提升的效果为0.531，虽然低于其他两项因素，但是大于0.5，因此也对业务能力的提升具备一定的促进作用。

表4-25 业务能力观测变量对业务能力潜在变量的作用关系

			Estimate
准时交货率提高	←	业务能力	0.531
购物结算周期缩短	←	业务能力	0.563
订单处理周期缩短	←	业务能力	0.599
生产效率提升	←	业务能力	0.663

（4）管理能力的观测指标。由表 4-26 可知，库存资金的减少对管理能力提升的促进效果为 0.612，其次是人员减少对管理能力的促进效果 0.569。因此，这两项指标对企业管理能力的提升都有着较好的促进作用，其中库存资金的减少起着主导作用。

表 4-26　管理能力观测变量对管理能力潜在变量的作用关系

			Estimate
库存资金减少	←	管理能力	0.612
人员减少	←	管理能力	0.569

（5）非直接经济效益观测变量的价值转换系数。基于表 4-21 标准化路径系数，将非直接经济效益观测变量对业务能力和管理能力潜变量的影响程度，与其对应的非直接经济效益潜在变量，即管理能力和业务能力对直接经济效益的影响程度，进行有效叠加，可得到特定观测变量的价值转换系数。本研究采用中，采用上述两种路径影响关系的乘积作为特定非直接经济效益观测变量的价值转换系数。所谓价值转换系数，即特定管理或业务能力提升对直接经济效益的影响程度，从而可作为非直接经济效益的信息化升级项目的非经济回报变量的价值转换系数，见表 4-27。其具体应用过程在第 5 章中介绍。

表 4-27　非直接经济效益指标的价值转换系数

	经济效益转换系数
综合管理能力	0.515
综合业务能力	0.503
准时交货率提高	0.267
购物结算周期缩短	0.283
库存资金减少	0.315
人员减少	0.293
订单处理周期缩短	0.301
生产效率提升	0.333

4.4 本章小结

　　本文从信息系统与信息技术云使用者的角度出发，研究企业进行信息化升级后，各项效益指标的普遍提升程度，提取信息化升级对企业的间接经济效益和直接经济效益影响要素，并利用 SPSS、AMOS、Excel 多种工具软件，构建信息化升级效益指标的假设路径模型，应用描述性统计和结构模型方程等数理统计的方法对样本数据进行分析，得到信息系统升级后企业各个生产经营能力的平均提升水平，以及各项指标间的路径关系。主要解决以下问题：

　　（1）构建企业信息化升级效益指标，通过数据实证说明企业的信息系统升级对企业利润流、成本以及管理运维的各项能力的提升作用，并得到企业在进行信息化升级时的获得提升的主要管理运维和生产经营能力的提升水平，以及这些因素的数据特性。

　　（2）对信息系统升级效益指标中的直接经济效益指标和间接效益指标进行因子分析，挖掘其潜在要素，并根据假设关系构建可量化的结构方程模型，对企业信息化直接经济效益因素和管理运维能力因素间的内部关系进行验证与分析。

　　（3）分析测量模型与结构模型的内部结构及路径过程，结果表明企业业务能力和管理能力对企业直接经济效益有着较强的促进作用。加大对企业业务能力和管理能力的投入，可以促进企业直接经济效益的提升，进而提升企业的核心竞争力，再次验证了信息化对企业经济的促进作用。

　　（4）信息系统的升级，从整体上优化了企业生产经营和管理运维流程。对诸如生产成本降低、利润或者收入的提升、销售费用的减少、采购成本的减低等一系列收入和成本因素都有着较强的促进作用。采购成本的降低对企业提升直接经济效益的影响最为显著，是需要重点关注的部分。

　　（5）生产效率提高和订单处理周期缩短对业务能力提升有着更为明显地促进作用，加大这两方面的投入会带来更高的回报率，促进企业业务能力的提升，继而间接影响企业经济效益的提升。

　　（6）库存资金和人员减少是企业管理能力提升的重要标志，尤其是库存资金的减少。较低的库存资金意味着企业具备良好的现金管理能力，存在较高的管理水平，有着更强的整体盈利能力。

（7）获取信息化升级项目所带来的各类非直接经济回报的提升及其对企业直接经济效益的影响程度，即这些非直接经济效益回报变量对企业利润流的价值转换系数。价值转换系数，是涉及多重非直接经济回报的信息化升级项目价值评估的主要参数，是本研究第5章中构建云服务下企业信息化升级项目投资决策模型的重要理论依据。

云升级项目投资决策模型

经济和科学技术的飞速发展使得市场的构成愈发复杂、竞争愈发激烈，一家企业往往同时具备供应商和用户等多重身份。本文以信息系统与信息技术云从研发到使用的整个路径上的投资行为作为基本内容，系统分解企业的多重身份，对这一路径上的两种主要投资行为，即信息系统与信息技术云供应商进行产品研发的投资行为以及信息系统与信息技术云用户进行服务购买的投资行为，分别进行研究。

本章节承接第 4 章关于企业信息化升级效益分析的研究成果，对信息系统和信息技术的升级投资决策问题进行探索。信息系统与信息技术云升级项目是指信息系统与信息技术云使用者为升级企业信息系统和信息技术所进行的更新活动，如 SAP7.0 升级为 SAP8.0；或替换原有的信息系统，如采纳 SAP 代替原有的简单 ERP 系统。这一类信息化项目的主要目的是通过更新企业信息系统或信息技术，提高企业各项管理运维活动的效率，这类投资可以为企业带来多方面能力的提升，如库存资金的减少、生产效率的提升、订单处理周期的缩短等。区别于面向市场的技术开发型项目（本书中的信息系统与信息技术云供应商的信息化研发项目），项目的价值不取决于项目为企业带来的直接利润流，而是系统或者技术实施后带来的企业管理运维能力和生产经营能力提升。目前，在这一领域的研究中，模型和方法主要存在着两大局限性：评价研究往往是事中、事后评价，在项目投资前并没有形成考虑项目未来价值不确定性的评价机制；评价模型没有考虑到云服务的新特性。因此，建立适应于新形势的信息系统和信息技术云投资决策模型，科学有效地辅助企业做出信息系统和信息技术云升级项目的最佳投资决策，对理论界和实业界都有着至关重要的意义。

现阶段，普遍用于实物项目价值评估的不确定投资理论所构建的实物期权模型，往往仅考虑项目整体价值的不确定性，对于项目价值的有效拆分因其所处行业特点而言，对于回报较为复杂的信息化领域，并没有依据项目回报的特点对其项目价值进行有效拆解。本研究考虑到信息化升级项目回报的复杂性和多重性，引入价值转换系数，改进传统的项目价值不确定的实物期权模型，并对模型的应用做多期考量。与传统的不确定投资模型相比，本书的模型更为复杂，深入探讨了回报的多重不确定性对项目价值以及项目投资决策的影响。

本章研究思路如下。

首先，对信息系统和信息技术云项目的具体特点进行分析，明确项目投资的目的，确定回报函数的基本类型；充分考虑信息系统和信息技术云升级升级投资时所面临的各项不确定性及其相互作用关系，结合第 4 章有关信息化项目价值的研究成果，探讨考虑不确定环境下项目投资行为的期权价值。其次，基于现阶段信息系统和信息技术更迭快的特点，建立多期投资选择模型。最后，对模型进行推导和分析，验证模型有效性的同时得到投资环境中各要素的作用机理。对研究成果进行归纳梳理，形成企业信息系统与信息技术云升级项目投资决策的基本模型以及投资过程中的定理和准则（具体见图 5-1）。

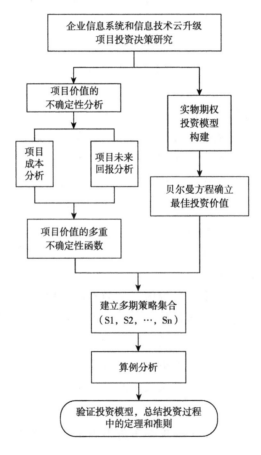

图 5-1　企业信息系统与信息技术云升级项目投资决策模型研究过程图

5.1 云升级项目特性分析

5.1.1 投资的不可逆性

云服务下的信息系统和信息技术项目与传统信息系统和信息技术项目的实施存在显著的不同。信息系统与信息技术云用户可以直接在云平台上购买和使用服务资源，不再需要本地的安装和部署。目前，市场上云服务的收费模式与移动产品类似，在期初购买服务，在购买期限内按需求使用服务。由此可见，信息系统与信息技术云升级投资的成本在项目实施后立即发生。无论最终的项目价值如何，这部分成本都是沉没的，是不可逆的。

同时，信息系统与信息技术云升级项目还具有投资行为固有的可延期性，即企业可以选择在当前时点立刻购买新的信息系统，但也可以推迟购买新的信息系统。投资时机不同，投资的收益与风险也会随之改变，延期投资可获得与项目有关的更多信息，并保留未来的获利机会。

5.1.2 项目价值不确定性

信息系统或信息技术升级项目的价值是不确定的，不同企业进行信息系统或信息技术升级的目的不同，导致企业在进行投资时关注的回报因素不同，这些多重回报因素的不确定性直接导致项目价值的不确定。不确定性几乎存在于所有类型的投资项目中，但是不同的项目由于不同的投资者、不同的项目环境以及项目所涉及不确定的类型和程度差异，会显著影响项目的最佳投资决策。信息系统与信息技术云项目与传统的生产建设项目不同。其最终目的并不是直接的经济利润提升，而是通过提升企业各方面生产经营和管理运维能力，间接影响企业利润和成本。因此，在进行实际的信息系统项目升级决策时，要明确项目实施的目的集，根据目的集建立回报函数，充分考虑各个预期目标的不确定性及其相互关系。

在不确定的环境下的信息化项目投资可以看作是一项实物期权。期权费就是获得这种权利所投入的必要费用，在这里是指信息化项目投资的总费用，期权的价值就是项目预期回报与期权费用的差值。由于投资是不可逆的，在有利的投资机会下进行投资就相当于执行期权。

5.1.3 信息系统和信息技术云的快速更迭性

近年来，信息技术和信息科技的飞速发展，大大加速了信息系统的更迭速度。信息系统与信息技术的更新时间逐渐缩短。随着相应技术趋于成熟，各类技术的更新时间和技术效率提升程度也逐渐变得可以预测，如微芯片的更新时间往往是一年，小型软件的更新速度可能是一个月。因此，我们在进行投资决策的时候，不能再过分依赖于传统的单阶段的投资决策模型。要从更长远的角度考虑，采取多期的投资模型对信息系统和信息技术云升级项目的投资问题进行研究。

5.1.4 项目回报的非直接经济利润

通过文献研究可以发现，在信息化领域内，应用实物期权方法进行项目投资的研究往往局限在项目价值的单一不确定性上。而在投资的实际过程中，可能会存在多种不确定性。信息系统和信息技术云项目投资区别于传统的实物项目，其最终目的不再是直接的利润回报，而是企业信息系统运维效率的提升，如准时交货率提升和库存资金的减少，企业投资信息化项目的回报是多方面的，且不同的企业在进行信息技术项目投资时，会有不同的期望。因此，在对项目的价值进行评估时，要充分考虑信息系统与信息技术项目投资目的的多样性和针对性。

综上所述，我们得到信息系统和信息技术云供应商在信息化研发投资研究和模型构建时，需要重点关注的关键点：

（1）项目价值由项目未来回报和项目成本构成，信息系统或信息技术云升级项目的项目成本是确定的，而项目价值是不确定的。

（2）信息系统或信息技术云升级项目的项目回报，很可能不是直接利润流，要根据企业选择的升级模块结合本书第 4 章的研究结果进行量化分析。

（3）单期的投资决策模型已经不足以支撑飞速发展的信息技术所带来的信息化产品快速更迭的市场环境。

（4）资源和资金的约束，仍是信息系统或信息技术云升级项目时需要妥善考虑的问题。

5.2 投资决策模型的基本假设

针对信息系统与信息技术云使用者在进行信息化升级项目投资时的具体特点，本文拟建立如下模型假设：

（1）信息化升级项目成本在信息化项目启动后立即发生，只考虑购买或者租赁新系统的资本投入，因此成本是确定的。

（2）信息系统和信息技术云供应商，在不同的时刻会对信息系统和信息技术进行更新，新系统与旧系统相比有着更优越的性能，同时价格更高。当新系统和新技术投入市场后，原有信息技术和信息系统购入成本降低。

（3）在 $t=1$ 时刻，技术 1 可用。企业只能对信息系统和信息技术在一定时间范围内的技术效率以及购买成本有较为准确的评估，且企业进行信息化升级投资的资金和资源有限，不可能无限期地进行信息化项目投资。

5.3 模型建立

5.3.1 项目的期权价值

信息化升级项目有着传统生产建设项目的固有特点，也存在一个显著的不同点。这个不同点在于，信息化项目投资的诉求并不仅仅是企业利润或者收益的提升，甚至不是企业利润和收益的提升。因此，我们在定义项目回报的时候，需要考虑到非经济因素的提升。信息化项目实施前，企业各项目的回报是不确定的，基于不确定投资理论，我们假设项目的各项回报因素服从几何布朗运动，且各项回报因素之间存在相互作用关系，式 5-1 表示了项目价值的不确定性。

$$dV = \sum_{i=1}^{n} \delta_i \alpha_i V dt + \sum_{i=1}^{n} \sigma_i \delta_i V dw_i \tag{5-1}$$

其中，V 表示项目回报，dt 表示极小的时间段增量，dw_i 定义为维纳过程的增量，α_i 表示第 i 项信息系统或信息技术能力的回报均值，σ_i 为回报变量 i 方差参数，$E(dw^2)=dt$，$E(dw_i dw_j)=\rho_{ij} dt$，$\delta_i$ 为第 i 项目标预期价值的经济转换率，即信息系统升级后，第 i 项生产经营能力的技术效率的提升转换的现金价值，也就是本书在第 4 章研究得到的非直接经济效益指标对企业直接经济效益的价值转换系数，其中信息化升级回报变量的主要转换系数如表 5-1 所示。

表 5-1 非直接经济效益指标的价值转换系数

	经济效益转换系数
综合管理能力	0.515
综合业务能力	0.503
准时交货率提高	0.267
购物结算周期缩短	0.283
库存资金减少	0.315
人员减少	0.293
订单处理周期缩短	0.301
生产效率提升	0.333

项目投资期权的价值取决于项目成本和项目价值。在确定的情形下，当 V 过低或者 I 过高的时候，期权将被持有，而当 V 大于 I，且到达一定程度时，期权将被执行。当 V 大于 V^* 时，项目被立即执行，则项目的期权价值 F 可表示为 $V{-}I$。

根据不确定投资理论，投资机会即项目的期权价值的预期总回报等于其资本的预期增值率，因此得到贝尔曼方程，即式（5-2）：

$$rFdt = E(dF) \qquad (5\text{-}2)$$

其中，r 表示无风险利率，F 为项目的期权价值。

这里需要应用伊藤引理对项目期权价值的几何布朗运动，即 $E(dF)$ 进行展开，得到：

$$E(dF) = \sum_{i=1}^{n}\alpha_i\delta_i VF'(V)\,dt + \frac{1}{2}\sum_{i=1}^{n}(\delta_i\sigma_i V^2 + 2\delta_i\delta_j\rho_{ij}\sigma_i\sigma_j V^2)F''(V)\,dt \qquad (5\text{-}3)$$

将式（5-2）带入式（5-1），得：

$$rFdt = \sum_{i=1}^{n}\alpha_i\delta_i VF'(V)\,dt + \frac{1}{2}\sum_{i=1}^{n}(\delta_i\sigma_i V^2 + 2\delta_i\delta_j\rho_{ij}\sigma_i\sigma_j V^2)F''(V)\,dt \qquad (5\text{-}4)$$

项目的期权价值 F 满足价值匹配条件式（5-5）和两个平滑粘贴条件式（5-6）和式（5-7）：

$$F(V^*) = V^* {-} I \qquad (5\text{-}5)$$

$$F^{\cdot}(V^*) = 1 \qquad (5\text{-}6)$$

$$F(0) = 0 \qquad (5\text{-}7)$$

为满足上述条件，则 $F(V)$ 的解形式需为 $F(V) = AV^{\beta_1}$ 的形式。将 $F(V)$ 带入式（5-4），得到：

$$\sum_{i=1}^{n} \delta_i \alpha_i \beta + \frac{1}{2} \left[\sum_{i=1}^{n} (\delta_i \sigma_i{}^2 + \delta_j \sigma_j{}^2 + 2\delta_i \delta_j \rho_{ij} \sigma_i \sigma_j) \right] * \beta(\beta - 1) = 0 \qquad (5\text{-}8)$$

其中，β_1 为方程（5-8）的较大整根。

将 $F(V) = AV^{\beta_1}$ 带入式（5-4），整理后得到项目最佳价值和 $F(V)$ 中 A 的表达式：

$$V^* = \frac{\beta_1}{\beta_1 - 1} I \qquad (5\text{-}9)$$

$$A = \frac{V^* - I}{(V^*)^{\beta_1}} = \frac{(\beta_1 - 1)^{\beta_1 - 1}}{\beta_1{}^{\beta_1} I^{\beta_1 - 1}} I \qquad (5\text{-}10)$$

5.3.2 多期信息化升级项目决策模型

随着信息技术的飞速发展，信息系统与信息技术的更新频率越来越快，因此企业在进行投资决策的时候，不能只考虑眼前利益，一定要考虑企业在一定时间段内的信息化提升需求。在 $T=i$ 时刻，第 i 项技术可用，技术 i 的效率>技术 j（$j<i$），当 $i+1$ 技术投入市场后，技术 i 的购买费用降低，但是不会无限降低。随着新技术的不断研发，旧技术渐渐淡出市场。因此技术 I 的购买费用为大于零分段函数。假设当技术 $i+n$ 投入市场后，技术 i 的市场占有费额减少到最低，退出市场。$F(V_{i,j})$ 和 $V_{i,j}$ 分别表示技术 j 在 i 时刻的期权价值和该技术实施的回报。

具体步骤如下：

Step0：默认所有 $F(V_{i,j})$ 和 $V_{i,j}$ 的初始值为 0。

Step1：企业在信息系统 1 进入市场后，立即对该信息系统实施后的价值进行预估。

得到在第一阶段对信息系统 1 进行投资的项目价值阈值 $V_{1,1}{}^*$（当 $V_{1,1} > V_{1,1}{}^*$ 时，立即进行投资；当 $V_{1,1} < V_{1,1}{}^*$ 时，选择等待）。

Step2：判断 $V_{1,1}$ 是否大于 $V_{1,1}{}^*$，若 $V_{1,1}$ 大于 $V_{1,1}{}^*$，计算 $F(V_{1,1}{}^*)$；

若 $V_{1,1}$ 小于 $V_{1,1}{}^*$，直接进入 Step3。

Step3：对第二阶段的技术 2 进行评估，得到在第二阶段对信息系统 2 进行投资的项目价值阈值 $V_{2,2}^{*}$。

Step4：判断 $V_{2,2}$ 是否高于 $V_{2,2}^{*}$，若 $V_{2,2}$ 大于 $V_{2,2}^{*}$，计算 $F(V_{2,2}^{*})$；

若 $V_{2,2}$ 小于 $V_{2,2}^{*}$，直接进入 Step5。

Step5：对第二阶段的技术 1 进行评估，得到在第二阶段对信息系统 1 进行投资的项目价值阈值 $V_{2,1}^{*}$。

Step6：评估 $V_{2,1}$，判断 V_{21} 是否大于 $V_{2,1}^{*}$，若 $V_{2,1}$ 大于 $V_{2,1}^{*}$，计算 $F(V_{2,1}^{*})$；

若 $V_{2,1}$ 小于 $V_{2,1}^{*}$，直接进入 Step7。

Step7：对第三阶段的技术 3 进行评估，得到在第三阶段对信息系统 3 进行投资的项目价值阈值 $V_{3,3}^{*}$。

Step8：判断 $V_{3,3}$ 是否高于 $V_{3,3}^{*}$，若 $V_{3,3}$ 大于 $V_{3,3}^{*}$，计算 $F(V_{3,3}^{*})$；

若 $V_{3,3}$ 小于 $V_{3,3}^{*}$，直接进入 Step9。

Step9：对第三阶段的技术 2 进行评估，得到在第三阶段对信息系统 2 进行投资的项目价值阈值 $V_{3,2}^{*}$。

Step10：评估 V_{32}，判断 $V_{3,2}$ 是否大于 $V_{3,2}^{*}$，若 $V_{3,2}$ 大于 $V_{3,2}^{*}$，计算 $F(V_{3,2}^{*})$；

若 $V_{3,2}$ 小于 $V_{3,2}^{*}$，直接进入 Step11。

Step11：对第三阶段的技术 1 进行评估，得到在第三阶段对信息系统 1 进行投资的项目价值阈值 $V_{3,1}^{*}$。

Step12：判断 $V_{3,1}$ 是否高于 $V_{3,1}^{*}$，若 $V_{3,1}$ 大于 $V_{3,1}^{*}$，计算 $F(V_{3,1}^{*})$；

若 $V_{3,1}$ 小于 $V_{3,1}^{*}$，直接进入 Step13。

...

StepM：$V_{n,n}$ 是否高于 $V_{n,n}^{*}$，若 $V{n,n}$ 大于 $V_{n,n^{*}}$，计算 $F(V_{n,n^{*}})$；

若 $V{n,n}$ 小于 $V_{n,n^{*}}$，直接进入 Step M+1。

Step M+1：对第 n 阶段的技术 $n-1$ 进行评估，在第 n 阶段对信息系统 $n-1$ 进行投资的项目价值阈值 $V_{n,n-1}^{*}$。

Step M+2：评估 $V_{n,n-1}$，判断 $V_{n,n-1}$ 是否大于 $V_{n,n-1}^{*}$，若 $V_{n,n-1}$ 大于 $V_{n,n-1^{*}}$，计算 $F(V_{n,n-1^{*}})$；

若 $V_{n,n-1}$ 小于 $V_{n,n-1^{*}}$，直接进入 Step M+3。

...

Step L：对第 n 阶段的技术 1 进行评估，在第 n 阶段对信息系统 1 进行投资的项目价值阈值 $V_{n,1*}$。

Step L+1：判断 $Vn_{,1}$ 是否高于 $V_{n,1*}$，若 $V_{n,1}$ 大于 $V_{n,1*}$，计算 $F(V_{n,1*})$；若 $V_{n,1}$ 小于 $V_{n,1*}$，直接进入 Step end。

Step end：计算在约束条件下的项目期权价值集合最大化，确定投资策略集合 S。

因此，企业在有限时间段（0-T）内的最优策略集为：

$$S(c_1U_1, c_2U_{2\ldots}c_nU_n) \tag{5-11}$$

其中，$c_i \in \{1, 0\}$，表示在第 i 阶段，企业是否选择投资，U 表示企业在第 i 阶段选择投资的技术。

则，最优策略集 S 对应的最优回报函数为：

$$\pi(F) = \max\left[\sum_{i=1,j=1}^{n} F(V_{ij})\right]$$

$$s.t. \sum_{i=1,j=1}^{n} I_{ij} < I \tag{5-12}$$

$$i \leq N$$

$$j \leq i$$

其中，$F(V_{ij})$ 表示技术 $F(V)$ 在第 i 阶段对 j 技术进行投资时，对应的期权价值。N 表示在未来一段时间内会进入市场的新系统或者新技术。I 表示企业可用的全部资金，I_{ij} 表示在第 j 阶段，第 i 项技术的投资成本。

多期模型的求解思路在于，多期决策模型充分考虑到现阶段信息系统与信息技术版本更迭快的特点，将未来一段时间可用的技术都涵盖在决策集内，从而得到最优决策集合，避免了单期决策所导致的局部最优问题。

本研究中所给出的多期决策模型，仅是一个基本框架。当决策集合内的可行策略数量优先，决策期限有限时，简单的寻优算法就可辅助决策者找出最优决策集合。但是当为使用者即用户企业提供信息化服务的供应商种类繁多时，简单的寻优算法可能由于运算耗时长、运算量过大等因素，增大寻找最优策略集合的难度。此时，更为成熟和复杂的寻优算法，如遗传退火算法、粒子群算法等，可以帮助我们在较短的时间内，高效地寻找最优策略集合。

5.4 算例分析

5.4.1 单期信息化升级项目投资决策分析

信息系统和信息技术项目的升级优化，由于项目自身特点会存在很大的异质性，本文第四章所给出的路径关系是一种普遍的关系，当企业对其信息化项目具备完善的信息时，可以根据项目特点自定义价值转换率 δ 的值。

本文以最基本的双目标为例（如业务能力的提升、管理能力的提升），构建模型：

$$dV = (\alpha_1\delta_1 + \alpha_2\delta_2)Vdt + \sigma_1\delta_1 Vdw_1 + \sigma_2\delta_2 Vdw_2 \tag{5-13}$$

其中，dw 定义为维纳过程的增量，α_i 为第 i 项价值预期目标的回报均值，σ_i 为第 i 项目标回报的方差参数。$E(dw^2) = dt$，$E(dw_1 dw_2) = \rho dt$。

运用伊藤引理对 dF 进行展开，得到：

$$E(dF) = (\alpha_1\delta_1 + \delta_2\alpha_2)VF'(V)dt + \frac{1}{2}(\sigma_1{}^2\delta_1{}^2 V^2 + 2\rho\sigma_1\sigma_2\delta_1\delta_2 V^2 + \sigma_2{}^2\delta_2{}^2 V^2)F''(V)dt$$

$$\tag{5-14}$$

将上式带入贝尔曼方程 $rFdt = E(dF)$，整理得：

$$rFdt = (\alpha_1\delta_1 + \delta_2\alpha_2)VF'(V)dt + \frac{1}{2}(\sigma_1{}^2\delta_1{}^2 V^2 + 2\rho\delta_1\delta_2\sigma_1\sigma_2\delta_1\delta_2 V^2 + \sigma_2{}^2\delta_2{}^2 V^2)F''(V)dt$$

$$\tag{5-15}$$

项目的期权价值 F 满足价值匹配条件式（5-16）和两个平滑粘贴条件式（5-17）和式（5-18）：

$$F(V^*) = V^* - I \tag{5-16}$$

$$F'(V^*) = 1 \tag{5-17}$$

$$F(0) = 0 \tag{5-18}$$

为满足上述条件，$F(V)$ 的解形式为 $F(V) = AV^{\beta_1}$ 的形式。将 $F(V)$ 带入式（5-15），得到：

$$(\alpha_1\delta_1 + \delta_2\alpha_2) * \beta + \frac{1}{2}(\sigma_1{}^2\delta_1{}^2 V^2 + 2\rho\delta_1\delta_2\sigma_1\sigma_2\delta_1\delta_2 V^2 + \sigma_2{}^2\delta_2{}^2 V^2) * \beta(\beta - 1) = 0$$

$$\tag{5-19}$$

假设 $r = 0.05$，α_1，$\alpha_2 = 0.1$ 和 0.2，$\delta_1 = \delta_2 = 1$ 和 1.1。在构建决策模型时，应根据企业进行信息化升级的具体模块，选择预期回报变量，并确定价值转换系数。如企业选择升级信息系统中的"订单处理"模块和"库存资金"模块，则 δ_1 和 δ_2 的取值应分别为 0.301 和 0.315。在算例分析中，为了使结果更加直观，本文假设价值转换系数为 $\delta_1=\delta_2=1$ 和 1.1。在实际应用时，企业可在本研究得到的路径关系定义价值转换系数（即表 5-1），也可根据自身系统和技术的具体特点，对价值转换系数进行定义。通常，价值转换系数总是小于 1。不同时间段项目成本 I 和漂移参数 α 分别如式（5-20）和式（5-21）所示：

$$I_i = \begin{cases} 1, & i < t < i+1 \\ 0.9, & i+1 < t < i+2 \\ 0.8, & i+2 < t < i+3 \end{cases} \qquad (5-20)$$

$$\alpha_i = \begin{cases} 0.01, & i = 1 \\ 0.02, & i = 2 \\ 0.03, & i = 3 \end{cases} \qquad (5-21)$$

分别对模型进行比较静态分析，研究 $F(V^*)$ 对各要素的依赖性。假设 $r=0.05$ 分别改变 σ、α、I、ρ 和 δ 的值对 F、V、β、A 进行数值分析。观测各变量之间的依赖性（图 5-2 至图 5-4 以及表 5-1 中，价值转换率 $\delta_1=\delta_2=1$；表 5-2 中，$\delta_1=\delta_2=1.1$。

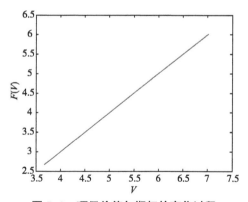

图 5-2 项目价值与期权的变化过程

通过图 5-2 和图 5-4 可以看出，项目的期权价值 $F(V)$ 是随着 V^* 的增加而增加，$F(V)$ 也随着乘数 A 的增大而增大，且 $F(V)$ 对 A 的变化更敏感。通过图 5-3 可以看出，项目的期权价值 $F(V)$ 是 β 的凸函数，并且随着 β 的增加而加速减小，说明较小的 β 使项目具有更高的期权价值。

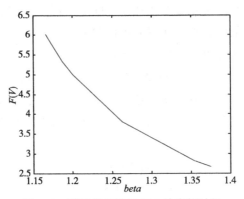

图 5-3　项目期权价值与 β 的变化过程

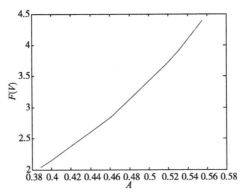

图 5-4　项目期权价值与 A 的变化过程

通过表 5-2 和表 5-3 可以看出，随着 σ_1 和 σ_2 以及这两者的相关系数 ρ 的增加，V^* 也随之升高。σ_1 和 σ_2 对 V^* 的作用比 ρ 要显著，也就是说与未来回报的变量的相关性相比，V^* 对各个变量的不确定性更加敏感。给定 α、I 和 δ 的前提下，A 随着 α 和 δ 的提升而提升，随着 I 的减小而减小。δ 的提升导致 V^* 的提升。α 的升高，同样导致 V^* 的显著增加，说明信息系统项目升级决策的投资阈值对 α 敏感。

不确定性增加了信息系统或信息技术云项目投资的等待价值。根据本文模型，一旦项目价值大于过 V^* 时，则应立即进行投资，行使期权，对应时刻 T^* 即为最佳的投资时机。信息化升级项目由于其自身高风险、产出效益难以量化等固有特点，与传统的建设项目和生产项目相比，具有更高的不确定性，

表5-2　各要素依赖性分析

σ_1	σ_2	ρ	$I=1$				$I=0.9$				$I=0.8$			
			β	V	A	F	β	V	A	F	β	V	A	F
$\alpha=0.01$														
0.2	0.2	0.2	1.490 5	3.038 5	0.388 9	2.038 5	1.490 5	2.734 7	0.409 6	1.834 7	1.490 5	2.430 8	0.433 9	1.630 8
0.2	0.2	0.3	1.464 4	3.153 5	0.400 6	2.153 5	1.464 4	2.838 2	0.420 7	1.938 2	1.464 4	2.522 8	0.444 4	1.722 8
0.2	0.3	0.2	1.350 8	3.850 4	0.461 3	2.850 4	1.350 8	3.465 3	0.478 7	2.565 3	1.350 8	3.080 3	0.498 9	2.280 3
0.3	0.3	0.2	1.271 5	4.683 1	0.517 2	3.683 1	1.271 5	4.214 8	0.532 2	3.314 8	1.271 5	3.746 5	0.549 5	2.946 5
0.3	0.3	0.3	1.255	4.921	0.530 7	3.921	1.255	4.428 9	0.545 1	3.528 9	1.255	3.936 8	0.561 8	3.136 8
0.3	0.3	0.5	1.227 6	5.393 2	0.555 1	4.393 2	1.227 6	4.853 9	0.568 5	3.953 9	1.227 6	4.314 6	0.584	3.514 6
$\alpha=0.02$														
0.2	0.2	0.2	1.353 2	3.831 4	0.459 8	2.831 4	1.353 2	3.448 3	0.477 3	2.548 3	1.353 2	3.065 1	0.497 6	2.265 1
0.2	0.2	0.3	1.335 5	3.981	0.471 1	2.981	1.335 5	3.582 9	0.488	2.682 9	1.335 5	3.184 8	0.507 7	2.384 8
0.3	0.2	0.2	1.256 9	4.892 7	0.529 1	3.892 7	1.256 9	4.403 4	0.543 6	3.503 4	1.256 9	3.914 2	0.560 3	3.114 2
0.3	0.3	0.3	1.200 5	5.988 3	0.581 9	4.988 3	1.200 5	5.389 5	0.594 3	4.489 5	1.200 5	4.790 7	0.608 5	3.990 7
0.3	0.3	0.3	1.188 6	6.302 2	0.594 5	5.302 2	1.188 6	5.672	0.606 5	4.772	1.188 6	5.041 8	0.620 1	4.241 8
0.3	0.3	0.5	1.168 7	6.926	0.617 2	5.926	1.168 7	6.233 4	0.628 3	5.333 4	1.168 7	5.540 8	0.640 9	4.740 8
$\alpha=0.03$														
0.2	0.2	0.2	1.225 3	5.439 5	0.557 3	4.439 5	1.225 3	4.895 5	0.570 7	3.995 5	1.225 3	4.351 6	0.586	3.551 6

续表

σ₁	σ₂	ρ	I=1				I=0.9				I=0.8			
			β	V	A	F	β	V	A	F	β	V	A	F
α=0.03														
0.2	0.2	0.3	1.214 7	5.656 7	0.567 4	4.656 7	1.214 7	5.091	0.580 4	4.191	1.214 7	4.525 4	0.595 3	3.725 4
0.2	0.3	0.2	1.166 9	6.992 5	0.619 5	5.992 5	1.166 9	6.293 2	0.630 5	5.393 2	1.166 9	5.594	0.643	4.794
0.3	0.3	0.2	1.131 4	8.609 6	0.666 1	7.609 6	1.131 4	7.748 7	0.675 3	6.848 7	1.131 4	6.887 7	0.685 9	6.087 7
0.3	0.3	0.3	1.123 8	9.074 5	0.677	8.074 5	1.123 8	8.167	0.686	7.267	1.123 8	7.259 6	0.696 1	6.459 6
0.3	0.3	0.5	1.111 1	10	0.696 8	9	1.111 1	9	0.705	8.1	1.111 1	8	0.714 3	7.2
α=0.01														
0.242	0.242	0.2	1.375 1	3.665 9	0.446 7	2.665 9	1.375 1	3.299 3	0.464 7	2.399 3	1.375 1	2.932 8	0.485 7	2.132 8
0.242	0.242	0.3	1.353 8	3.826 7	0.459 5	2.826 7	1.353 8	3.444	0.476 9	2.544	1.353 8	3.061 3	0.497 2	2.261 3
0.242	0.363	0.2	1.262 6	4.808 4	0.524 4	3.808 4	1.262 6	4.327 6	0.539 1	3.427 6	1.262 6	3.846 7	0.556	3.046 7
0.363	0.363	0.2	1.200 2	5.994 5	0.582 1	4.994 5	1.200 2	5.395 1	0.594 5	4.495	1.200 2	4.795 6	0.608 7	3.995 6
0.363	0.363	0.3	1.187 4	6.335 2	0.595 8	5.335 2	1.187 4	5.701 7	0.607 7	4.801 7	1.187 4	5.068 1	0.621 3	4.268 1
0.363	0.363	0.5	1.166 3	7.013 1	0.620 2	6.013 1	1.166 3	6.311 8	0.631 1	5.411 8	1.166 3	5.610 5	0.643 6	4.810 5
α=0.02														
0.242	0.242	0.2	1.273 9	4.650 9	0.515 3	3.650 9	1.273 9	4.185 8	0.530 3	3.285 8	1.273 9	3.720 7	0.547 7	2.920 7
0.242	0.242	0.3	1.259	4.861 6	0.527 4	3.861 6	1.259	4.375 5	0.542	3.475 5	1.259	3.889 3	0.558 8	3.089 3

续表

σ₁	σ₂	ρ	I=1				I=0.9				I=0.8			
			β	V	A	F	β	V	A	F	β	V	A	F
α=0.02														
0.242	0.363	0.2	1.194	6.153 7	0.588 7	5.153 7	1.194	5.538 3	0.600 8	4.638 3	1.194	4.922 9	0.614 7	4.122 9
0.363	0.363	0.2	1.148 8	7.721 6	0.642 2	6.721 6	1.148 8	6.949 4	0.652 4	6.049 4	1.148 8	6.177 3	0.663 9	5.377 3
0.363	0.363	0.3	1.139 4	8.172 7	0.654 8	7.172 7	1.139 4	7.355 4	0.664 5	6.455 4	1.139 4	6.538 2	0.675 5	5.738 2
0.363	0.363	0.5	1.123 9	9.071 3	0.677 1	8.071 3	1.123 9	8.164 2	0.685 9	7.264 2	1.123 9	7.257 1	0.696	6.457 1
α=0.03														
0.242	0.242	0.2	1.177 4	6.637 2	0.607 1	5.637 2	1.177 4	5.973 5	0.618 6	5.073 5	1.177 4	5.309 7	0.631 6	4.509 7
0.242	0.242	0.3	1.168 2	6.946 8	0.617 9	5.946 8	1.168 2	6.252 1	0.629	5.352 1	1.168 2	5.557 4	0.641 6	4.757 4
0.242	0.363	0.2	1.127 3	8.854 4	0.672	7.854 4	1.127 3	7.969	0.681 1	7.069	1.127 3	7.083 5	0.691 4	6.283 5
0.363	0.363	0.2	1.098 2	11.182 5	0.718 4	10.182 5	1.098 2	10.064 3	0.725 8	9.164 3	1.098 2	8.946	0.734 3	8.146
0.363	0.363	0.3	1.092 1	11.854	0.729 1	10.854	1.092 1	10.668 6	0.736 2	9.768 6	1.092 1	9.483 2	0.744 2	8.683 2
0.363	0.363	0.5	1.082	13.193	0.748	12.193	1.082	11.873 7	0.754 5	10.973 7	1.082	10.554 4	0.761 8	9.754 4

这些不确定性提升了 V^* 的值，从而导致了项目投资时机的延后。

5.4.2 综合算例分析

假设企业进行信息化项目投资，其目的仅为提升企业的业务能力和管理能力，基于此购买信息系统云服务的相应模块。根据企业内部情况和决策者意见，定义 δ_i 为第 i 项目预期价值的经济转换率，α_i 表示信息化升级后预期效果提升水平。假设企业在有限的时间段 $t=0$ 到 $t=4$ 内可以对新的信息技术或者信息系统的升级效率有比较清晰的认识，可以做出较为准确的评价。第 i 项新技术分别在 $t=i$ 时可用。当技术 $i+1$ 投入市场后，原有技术 i 的购买成本降低，且新技术 $i+1$ 的技术效率高于技术 i。因此，我们对项目成本 I 和项目价值的偏移参数 α 做出式（5-22）与（5-23）中的假设，

$$I_i = \begin{cases} 1, & i < t < i+1 \\ 0.9, & i+1 < t < i+2 \\ 0.8, & i+2 < t < i+3 \end{cases} \tag{5-22}$$

$$\alpha_i = \begin{cases} 0.01, & i=1 \\ 0.02, & i=2 \\ 0.03, & i=3 \end{cases} \tag{5-23}$$

得到，项目最佳投资决策集式（5-24）：

$$\pi(F) = \max\left[\sum_{i=1,j=1}^{n} F(V_{ij})\right]$$

$$s.t. \sum_{i=1,j=1}^{n} I_{ij} < I \tag{5-24}$$

$$i \leqslant N$$

$$j \leqslant i$$

$\delta_i = \delta_i = 1$，可用于投资的全部资金 $I=2$，企业在同一时期内不会进行 2 次信息化升级。

根据本章 5.3.2 部分所列出的实施步骤：

Step0：默认所有 $F(V_{i,j})$ 和 $V_{i,j}$ 的初始值为 0。

Step1：企业在信息系统 1 进入市场后，立即对该信息系统实施后的价值进行预估，得到在第 1 阶段对信息系统 1 进行投资的项目价值，$V_{11}{}^* = 3.0385$。

Step2：判断 V_{11} 是否大于 $V_{11}{}^*$，若 V_{11} 大于 $V_{11}{}^*$，计算 $F(V_{11}{}^*) =$

2.038 5；

若 V_{11} 小于 V_{11}^{*}，直接进入 Step3。

Step3：对第二阶段的技术 2 进行评估，得到最优投资时点价值 V_{22}^{*}，$V_{22}^{*} = 3.831\ 4$。

Step4：判断 V_{22} 是否高于 V_{22}^{*}，若 V_{22} 大于 V_{22}^{*}，计算 $F(V_{22}^{*}) = 2.831\ 4$；

若 V_{22} 小于 V_{22}^{*}，直接进入 Step5。

Step5：评估在 $t = 2$ 时间点上，对技术 1 进行投资的最优项目价值 $V_{21}^{*} = 2.734\ 7$。

Step6：评估 V_{21}，判断 V_{21} 是否大于 V_{21}^{*}，若 V_{21} 大于 V_{21}^{*}，计算 $F(V_{21}^{*}) = 1.834\ 7$；

若 V_{21} 小于 V_{21}^{*}，直接进入 Step7。

Step7：对第三阶段的技术 3 进行评估，得到最优投资时点价值 V_{33}^{*}，$V_{33}^{*} = 5.439\ 5$。

Step8：判断 V_{33} 是否高于 V_{33}^{*}，若 V_{33} 大于 V_{33}^{*}，计算 $F(V_{33}^{*}) = 4.439\ 5$；

若 V_{33} 小于 V_{33}^{*}，直接进入 Step9。

Step9：评估在 $t = 3$ 时间点上，对技术 2 进行投资的最优项目价值 $V_{32}^{*} = 3.448\ 3$。

Step10：评估 V_{32}，判断 V_{32} 是否大于 V_{32}^{*}，若 V_{32} 大于 V_{32}^{*}，计算 $F(V_{32}^{*}) = 2.548\ 3$；

若 V_{32} 小于 V_{32}^{*}，直接进入 Step11。

Step11：评估在 $t = 3$ 时间点上，对技术 1 进行投资的最优项目价值 $V_{31}^{*} = 2.430\ 8$。

Step12：判断 V_{31} 是否高于 V_{31}^{*}，若 V_{31} 大于 V_{31}^{*}，计算 $F(V_{31}^{*}) = 1.630\ 8$；

若 V_{31} 小于 V_{31}^{*}，直接进入 Step13。

Step13：计算在约束条件下的，$\pi(F) = \max\left[\sum_{i=1, j=1}^{n} F(V_{ij})\right]$。确定投资策略集合 S。

总结发现，

$F(V_{11}^{*}) = 2.038\ 5$，$F(V_{22}^{*}) = 2.831\ 4$，$F(V_{21}^{*}) = 1.834\ 7$，$F(V_{33}^{*}) = 4.439\ 5$，$F(V_{32}^{*}) = 2.548\ 3$，$F(V_{31}^{*}) = 1.630\ 8$。则，$F(V_{33}^{*}) > F(V_{22}^{*}) > F(V_{32}^{*}) > F(V_{11}^{*}) > F(V_{21}^{*}) > F(V_{31}^{*})$。

求解结果如下：

（1）当仅存在 1 个可行解时，这个解就是企业的投资决策。

（2）当所有的解都是可行解时，即存在 6 个可行解时，单期投资的策略集为：$F(V_{11}) + F(V_{22})$；多期投资决策的策略集为：$F(V_{22}) + F(V_{33})$。多期投资决策的策略集优于单期投资决策的策略集。

（3）当存在 2 个可行解的时候，企业单期和多期的最佳投资策略如下：

表 5-3　企业最佳策略分析（2 个可行解）

$T=1$	$T=2$		$T=3$			单期最优解	多期最优解
1	1	2	1	2	3		
				√	√	$F(V_{33})$	$F(V_{33})$
		√			√	$F(V_{33})$	$F(V_{33})$
			√	√		(V_{32})	(V_{32})
		√			√	$F(V_{22}) + F(V_{33})$	$F(V_{22}) + F(V_{33})$
		√		√		$F(V_{22})$	$F(V_{22})$
		√	√			$F(V_{22})$	$F(V_{22})$
	√				√	$F(V_{21}) + F(V_{33})$	$F(V_{21}) + F(V_{33})$
	√			√		$F(V_{21}) + F(V_{32})$	$F(V_{21}) + F(V_{32})$
	√		√			$F(V_{21})$	$F(V_{21})$
	√	√				$F(V_{22})$	$F(V_{22})$
√					√	$F(V_{33}) + F(V_{11})$	$F(V_{33}) + F(V_{11})$
√				√		$F(V_{11}) + F(V_{32})$	$F(V_{11}) + F(V_{32})$
√			√			$F(V_{11})$	$F(V_{11})$
√	√					$F(V_{11})$	$F(V_{11})$
√		√				$F(V_{11}) + F(V_{22})$	$F(V_{11}) + F(V_{22})$

此时，单期求解结果与多期求解结果一致。

（4）当存在 3 个可行解的时候，企业单期和多期的最佳投资策略如下：

表 5-4 企业最佳策略分析（3 个可行解）

| T=1 | T=2 | | T=3 | | | 单期最优解 | 多期最优解 |
1	1	2	1	2	3		
√	√	√				$F(V_{11})+F(V_{22})$	$F(V_{11})+F(V_{22})$
√	√		√			$F(V_{11})$	$F(V_{11})$
√	√			√		$F(V_{11})+F(V_{32})$	$F(V_{11})+F(V_{32})$
√	√				√	$F(V_{33})+F(V_{11})$	$F(V_{33})+F(V_{11})$
√		√	√			$F(V_{11})+F(V_{22})$	$F(V_{11})+F(V_{22})$
√		√		√		$F(V_{11})+F(V_{22})$	$F(V_{11})+F(V_{22})$
√		√			√	$\mathbf{F(V_{11})+F(V_{22})}$	$\mathbf{F(V_{22})+F(V_{33})}$
√			√	√		$F(V_{11})+F(V_{32})$	$F(V_{11})+F(V_{32})$
√			√		√	$F(V_{33})+F(V_{11})$	$F(V_{33})+F(V_{11})$
√				√	√	$F(V_{33})+F(V_{11})$	$F(V_{33})+F(V_{11})$
	√	√	√			$F(V_{22})$	$F(V_{22})$
	√	√		√		$F(V_{22})$	$F(V_{22})$
	√	√			√	$F(V_{22})+F(V_{33})$	$F(V_{22})+F(V_{33})$
	√		√	√		$F(V_{21})+F(V_{32})$	$F(V_{21})+F(V_{32})$
	√		√		√	$F(V_{33})+F(V_{11})$	$F(V_{33})+F(V_{11})$
	√			√	√	$F(V_{21})+F(V_{33})$	$F(V_{21})+F(V_{33})$
		√	√	√		$F(V_{22})$	$F(V_{22})$
		√	√		√	$F(V_{22})+F(V_{33})$	$F(V_{22})+F(V_{33})$
		√		√	√	$F(V_{22})+F(V_{33})$	$F(V_{22})+F(V_{33})$
			√	√	√	$F(V_{33})$	$F(V_{33})$

其中，黑体部分为多期投资策略优于单期投资策略的结果。

（5）当存在 4 个可行解的时候，企业单期和多期的最佳投资策略如下：

表 5-5 企业最佳策略分析（4 个可行解）

| T=1 | T=2 | | T=3 | | | 单期最优解 | 多期最优解 |
1	1	2	1	2	3		
√	√	√	√			$F(V_{11})+F(V_{22})$	$F(V_{11})+F(V_{22})$
√	√	√		√		$F(V_{11})+F(V_{22})$	$F(V_{11})+F(V_{22})$
√	√	√			√	$\mathbf{F(V_{11})+F(V_{22})}$	$\mathbf{F(V_{33})+F(V_{11})}$

续表

T=1	T=2		T=3			单期最优解	多期最优解
1	1	2	1	2	3		
√	√		√	√		$F(V_{11})+F(V_{32})$	$F(V_{11})+F(V_{32})$
√	√		√		√	$F(V_{33})+F(V_{11})$	$F(V_{33})+F(V_{11})$
√	√		√	√		$F(V_{33})+F(V_{11})$	$F(V_{33})+F(V_{11})$
√		√	√	√		$F(V_{11})+F(V_{22})$	$F(V_{11})+F(V_{22})$
√		√	√		√	$F(V_{11})+F(V_{22})$	$F(V_{33})+F(V_{11})$
√		√	√		√	**$F(V_{11})+F(V_{22})$**	**$F(V_{33})+F(V_{11})$**
√			√	√		**$F(V_{11})+F(V_{22})$**	**$F(V_{11})+F(V_{22})$**
	√	√	√	√		$F(V_{22})$	$F(V_{22})$
	√	√	√		√	$F(V_{22})+F(V_{33})$	$F(V_{22})+F(V_{33})$
	√	√	√	√		$F(V_{22})+F(V_{33})$	$F(V_{22})+F(V_{33})$
		√	√	√		$F(V_{22})+F(V_{33})$	$F(V_{22})+F(V_{33})$
√			√	√		$F(V21)+F(V_{33})$	$F(V21)+F(V_{33})$

其中，黑体部分为多期投资策略优于单期投资策略的结果。

（6）当存在 5 个可行解的时候，企业单期和多期的最佳投资策略如下：

表 5-6　企业最佳策略分析（5 个可行解）

T=1	T=2		T=3			单期最优解	多期最优解
1	1	2	1	2	3		
	√	√	√	√	√	$F(V_{22})+F(V_{33})$	$F(V_{22})+F(V_{33})$
√		√	√	√	√	**$F(V_{11})+F(V_{22})$**	**$F(V_{22})+F(V_{33})$**
√	√		√		√	$F(V_{11})+F(V_{33})$	$F(V_{11})+F(V_{33})$
√	√	√	√			**$F(V_{11})+F(V_{22})$**	**$F(V_{22})+F(V_{33})$**
√	√	√	√		√	**$F(V_{11})+F(V_{22})$**	**$F(V_{22})+F(V_{33})$**
√	√	√	√			$F(V_{11})+F(V_{22})$	$F(V_{11})+F(V_{22})$

其中，黑体部分为多期投资策略优于单期投资策略的结果。

算例结果表明，可行解的数量越多，越容易陷入局部最优集合。多期的投资决策模型比单期的决策模型有着更好的优越性。因此，当市场状况良好时，即信息系统和信息技术云的技术效率不断增高，且价格优惠政策增强的时候，单期的决策模式不再是最优投资策略。因此，在较为优越的产业环境下，多期投资决策集的使用势在必行。

本研究使用的算例是现实投资环境的极大简化，旨在提出一种问题解决的理论模型和方法框架。通过算例可以看出，为了搜索最优投资决策集，会涉及较大的运算量。在实际投资环境中，可用项目数量会更多，可预期期限可能会更长，同时不同期限内项目价值的递减方式会愈发复杂。这一系列因素极大增加了模型的运算量。因此，在产业集中度高，蓬勃发展的领域内进行信息化升级投资时，需要借助优化算法，来获取最优投资决策，这里由于篇幅和精力有限，本文不再进行深入讨论。

5.5　本章小结

云计算理论的推广和应用，改变了原有信息化产业研发、生产、销售、使用、维护、升级的整个过程。传统信息化项目在进行投资时，建设周期长、建设成本高的问题也得到了妥善解决。纵观现有的信息化升级项目投资模型，这些改善并没有得到体现。本文考虑信息系统和信息技术云升级项目更迭快、实施快、成本不可逆以及未来回报不确定的具体特点，建立了多期的信息系统和信息技术云升级项目决策模型。企业在可预测的时间内，确定新系统和新技术到来的时间以及新系统和新技术的技术效率，得到各个时间段内各项可升级新信息系统的期权价值。进而在资源、资金有限的前提下，确定企业的最优的信息化升级投资决策集。

研究结果表明：

（1）预期回报的不确定性导致项目投资阈值升高，项目有更大的可能被延期。项目的期权价值，随着最优投资阈值的升高而显著升高，投资预期目标的不确定性增多和增大都会提升项目的期权价值，且呈现加速的趋势。投资预期目标之间的相互关系也会导致项目投资阈值的升高，但其作用效果不如各个预期回报变量自身不确定性的作用效果明显。因此，项目未来回报的不确定性和项目未来回报间的相互关系都正向影响着项目最优投资阈值，使得项目有更大的可能被延期。这些推论不仅和实际项目投资中的趋势相符，也与经济学原理相吻合。说明模型具有较好的适用性和可靠性。

（2）当项目达到最优投资阈值时，立即进行投资就是项目的最佳投资时间点。在本文中，我们在项目期初对其价值进行评估，如果大于最优投资阈值立刻进行投资，小于该阈值，则在此期不进行投资。根据云服务的特点，项目投资成本是在各个阶段递减的分段函数，在给定阶段内是一个常数。本文从单期投资决策拓展到多期投资决策，建立了一个可供企业在未来一定时间段内进行信息系统和信息技术云升级投资决策的选择模型。由于科学技术的飞速发展，科技革命可能在未来出现。因此，企业只能对有限时间内的技术集合进行评估。这使得模型不会过于复杂，简单的算法就可以对模型进行求解。算例分析结果表明，多期的投资策略集可以为企业找出更优秀的投资策略。当企业在同一阶段内可供升级的信息系统和信息技术过多时，则需要寻优算法的辅助以找到最优的投资策略。

（3）本文中的模型理论和推导结果可以为企业信息系统升级项目投资决策提供支持，其理论可作为投资者进行决策时的定理和准则。模型推导和分析的结果与企业实际经营过程中的实际相吻合，因此模型具备良好的适用性和可靠性。研究结果可以应用到决策支持系统和管理信息系统的算法规则中，为信息系统与信息技术云使用者进行信息系统与信息技术云升级项目的投资决策提供支持。

6

云研发项目投资决策模型

本章节承接第五章关于企业信息系统与信息技术升级的投资决策研究，对信息系统和信息技术云供应商的研发投资决策问题进行探索。信息系统与信息技术云研发项目是指信息系统和信息技术云供应商研发新的信息系统和信息技术云，并投入市场的投资活动。这一类信息化项目的主要目的在于研发新系统或者新技术，并将新系统和新技术作为产品投入市场，通过出售信息化产品获得直接的经济收益。信息系统与信息技术云研发项目与传统的面向市场进行产品创新的研发项目类似，却同时具备了软件项目、云服务、研发项目的多重特点。而现有研发投资模型尚未考虑到信息系统和信息技术云在进行投资决策时的四大主要特点：产品的售出不受单位可变成本局限；项目建设前期存在大量的沉没成本；产品的异质性；愈发复杂的市场环境。因此，建立适应于新形势的信息系统和信息技术云研发投资决策模型，科学有效地辅助企业做出信息系统和信息技术研发项目投资的最佳投资决策，对理论界和实业界都具备至关重要的意义。

　　现阶段，广泛应用于研发创新项目的二阶段动态模型，往往没有考虑产品异质性对销售价格产生的影响。同时，其对市场环境的预设过于简单，往往局限在单一市场下、单一博弈状态的对策研究。本模型结合信息化创新项目在云服务形势下的具体特点，对传统的两阶段动态模型的建模思路进行改进，考虑到企业实力差异所导致的产品异质性，以及多重的市场环境，构建了与现实市场状况更为贴近的双市场动态博弈模型。

　　本章研究思路如下。

　　首先，对信息系统和信息技术云升级项目的具体特点进行分析，明确项目投资的目的，确定支付函数的基本类型；然后，基于信息系统和信息技术云研发项目的具体特点，应用动态博弈理论，建立两阶段的双市场、双寡头博弈模型；最后，对支付函数进行算例分析，并探索博弈均衡，验证模型有效性的同时得到投资环境中各要素的作用机理。对研究成果进行归纳梳理，形成信息系统和信息技术云研发项目投资决策的基本模型以及投资过程中的定理和准则。

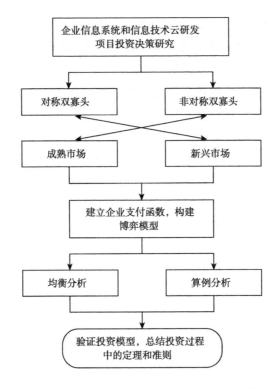

图 6-1 企业信息化研发项目投资决策模型研究流程图

6.1 云研发项目特性分析

（1）投资的不可逆性。信息系统和信息技术云为了支持用户的服务，无论用户数量多少，都需要在前期购买大量的服务器资源，导致项目建设初期会存在大量的"沉没成本"。这些特性造成云服务下信息化研发项目投资的不可逆性。

（2）云服务特性。随着以虚拟化技术为基础，以网络为载体，以用户为主体的云服务的兴起，大量的信息技术与信息系统（如 SAP 等）已经在云平台上得到广泛的应用。原有的信息系统与信息技术销售方式，也因为云计算的应用而发生了根本性的改变。供应商将研发成功的新技术或者新系统投放到云平台上，用户通过购买权限，直接在云平台上使用新系统和新技术，极大地节约了资源，减少了成本。

对于信息系统和信息技术的云服务供应商，基于云平台的服务购买和租赁模式，使得供应商在售出新技术或者新系统的时候，不再需要去云服务使用者，即信息系统和信息技术的购买方进行安装、实施等一系列实施前的软硬件准备活动，进一步减少了信息系统和信息技术售出时的可变成本。这一转变说明，信息系统和信息技术云从研发到投入市场，再到用户使用的整个过程中，供应商的销售活动不再受单位可变成本限制。

（3）投资决策分析的两阶段性。信息系统和信息技术云研发项目同时具备着传统研发项目的固有的两阶段性：在项目开始时，决定研发的投入量；在产品研发完成时，决定产品的产量。尽管信息系统和信息技术云的出售方式与传统实物产品不同，即用户购买权限后在云端使用产品，不受产品产量的限制，但是，这一两阶段特性仍然存在。在项目开始时，决定研发投入量；在云产品研发完成并投入市场后，观测产品的销量。

（4）市场特性（多市场和竞争）。在多个可行的项目里分配资源是非常困难的，即使是在两个看似没有关系的项目中进行分配也并没有想象中简单。这一复杂性，随着企业所处市场环境中的竞争关系更加显著。当一个企业在进行资源分配决策的时候，其竞争对手可能也在进行自己的项目组合管理。在这样的环境下，两个企业的项目组合决策就会影响到对方的项目回报。同时，随着信息科技的飞速发展，企业经营环境的复杂性进一步增大，企业活动不再局限于单一市场，新兴市场和成熟市场均是企业研发活动的重要组成部分。

信息系统和信息技术云供应商信息化研发投资的目的在于研发新系统和新技术，作为产品投入市场。这一过程不可避免地受到行业内竞争对手行为的影响。因此，市场中竞争环境是必须要考虑的内容，这就让信息化项目有了博弈的特性。当组织的影响力足够大时，组织的投资决策就会对市场中其他局中人的最优回报产生影响。尤其是在局中人较少的情况下，在双寡头的市场环境中，竞争对手的投资决策甚至会直接影响项目的成败。

综上所述，我们得到在信息系统和信息技术云供应商在信息化研发投资研究和模型构建时，需要重点关注的关键点：

（1）信息化研发项目投入市场后，项目的可变成本不再对企业的支付函数起决定性作用。同时，项目存在大量的前期成本，且这一成本是不可逆的沉没成本。

（2）现有市场环境多变复杂，企业往往会面对多个成熟或者新兴市场，在有限资源的条件下，选择成熟市场再接再厉还是在新兴领域打开市场，这是企业需要考虑的关键问题。

（3）在构建项目支付函数时，根据面向市场的研发项目的两阶段性，需要着重考虑研发投入量和产品销量这两个变量。

（4）企业研发新技术、新系统投入市场后，势必会受到该市场、该行业其他竞争对手的行为影响。竞争对手的行为是企业在进行研发决策时，需要重点考虑的问题之一。

6.2 双市场博弈模型基本假设

针对信息系统与信息技术云供应商在进行信息化研发项目投资时的具体特点，本文拟建立如下模型假设：

（1）企业间不存在技术的溢出效应。信息系统和信息技术研发，由于面向市场，涉及专利以及产品等各方面，企业间存在着竞争关系。云计算的飞速发展，已经形成了可观的云生态系统，企业不需要通过与竞争对手合作研发的方式来研发新产品。因此，我们假设企业间是完全不合作状态，不仅在产品销售期，在产品的研发期也采取不合作的策略。

（2）新信息系统和信息技术售出过程中，不存在单位可变成本。基于云服务的具体特点，用户直接在云平台上购买产品、资源或服务。因此，不存在传统信息系统项目购买后在用户端的一系列前期准备工作。供应商不需要去用户所在的企业辅助相关的软硬件安装和设施部署，供应商在售出每一份产品时，不再受单位可变成本影响。

（3）在给定的市场环境下，更优越的产品可以获得更优越的价格，但是价格的增幅有限。在服从产品需求曲线的前提下，更优越的产品可以获得更优越的价格，但是，由于企业对产品功能的需求和质量要求有限，功能过于强大的产品往往超出了企业所能承受的价格范围和需求范围，导致产品销量减少。本文中定义非对称双寡头市场环境下，两家企业研发投入和研发能力不同，导致产品存在差异，两家企业间产品之间存在有限的替代弹性。因此，在非对称双寡头市场环境下，由于产品差异的存[154]在，企业可享有不同的销售价格。

（4）企业具备完整的商业实施流程和完整的可行性分析流程。在一个市场内过量的投入，会带来消极的回报，甚至导致项目失败。在本文中，我们假设企业对每个项目的盈利程度有着较为清晰的认识，不盈利的项目不在考虑之列。

经典的研发两阶段投资模型中，企业在第一阶段即产品销售期，首先对产品销量进行决策；第二阶段即研发期，再对研发投入量进行决策。根据竞争对手的行为，两阶段决策存在完全合作、完全不合作以及半合作的竞争状态。

6.3　对称双寡头模型

经典的研发两阶段投资模型中，企业在第一阶段即产品销售期，首先对产品销量进行决策；第二阶段的研发期，再对研发投入量进行决策。根据竞争对手的行为，两阶段决策时，存在完全合作、完全不合作以及半合作的竞争状态。考虑信息系统和信息技术云服务市场中的实际情况，本文只研究广泛存在的完全竞争状态。

6.3.1　投资于同一市场

在对称双寡头市场情况下，两家企业实力相当、信息获取能力相同，且在相同的市场内具备相等的市场占有率。我们假设他们具有相同的成本与价格参数以及研发投入量。

与非对称双寡头市场不同，对称双寡头情况下，两家企业具备相同的信息和实力，根据胥司曼（Huisman）的结论，对称的两家企业，不可能采取不同的策略。因此，若两家企业决定在一家市场进行投资，会选择在同一个时间点的投资策略，不存在领先者和跟随者的区别，因此我们将古诺模型引入两阶段的动态博弈来描述这种情况。

由第 3 章的研究中可以知道，信息系统和信息技术云在前期存在大量的固定成本，这部分成本不随着产品销量的改变而改变。满足这一前期成本后，研发投入量的提升会使得产品获得更优越的性能，从而具备更优越的价格。结合具备相同特点的软件产品定价方式[153]，我们定义信息系统和信息技术云的研发成本 I 为：

$$I = cx^2 + K \tag{6-1}$$

其中，c 和 K 为分别为研发成本参数和前期成本，x 为企业的研发投入力度。

传统研发项目中，研发投入量对项目回报的影响在于研发投入量的增大，使得生产单位产品的可变成本减小，从而提升项目的净利润。然而，信息系统和信息技术云的产品不同于传统的实物产品，其销售时不具备单位可变成本，所有的成本在项目建设期发生。因此，我们定义研发投入量对项目回报的影响作用于产品价格。一些学者（Banerjee, Mukhopadhyay）的研究表明，差异的产品价格会对博弈结果产生影响，尤其是两家企业的实力差异悬殊时，这种显现愈发明显[154][155]。我们在构建支付函数时，不得不考虑产品价格的差异。更大的研发投入量，使产品具备更优越的性能，从而在相同的市场容量下，得以获得更优越的价格。然而，这个价值增幅的程度有限。优越性不明显时，价格无法得到显著提升。只有当新产品的优越性达到一定程度时，价格的差异才会体现出来。然而，由于市场的承受力，当研发投入量继续增大时，消费者可承受的价格的增幅会逐渐减缓，并不会随着投入量的增加而无限增大。因此，我们用 S 曲线来表示研发投入量的增大对产品价格的积极效应：

基于上述分析，我们采用 S 形的 logistic 曲线来对研发投入不同导致的产品价格增幅 R 进行表示，

$$R_i(x_i) \frac{1}{1 + x_i^{-a}} (i = 1, 2) \tag{6-2}$$

其中，$\alpha > 0$，表示研发投入系数，x_i 表示企业 i 的研发投入力度。

因此，信息系统和信息技术云研发项目的价格 P 的关于产品销量 Q 的函数为式（6-3）：

$$P = a - bQ + R_i(x_i) \tag{6-3}$$

其中，a 和 b 分别是式（6-3）中的需求参数。

综上所述，得到企业 1 或企业 2 同时投资于一个市场时，企业 1（企业 2）的支付函数 π_i 可表示为：

$$\pi_i(q_i, q_j) = [a - bQ + R(x)] * Q - (K + cx^2) i, j = 1, 2 \tag{6-4}$$

当两企业同时投资于一个市场时，企业 1 和企业 2 的支付函数可分别表示为式（6-5）和式（6-6）：

$$\pi_1(q_1, q_2) = [a - b(q_1 + q_2) + R(x)] * q_1 - K - cx^2 \tag{6-5}$$

$$\pi_2(q_1, q_2) = \left[a - b(q_1 + q_2) + R(x)\right] * q_2 - K - cx^2 \tag{6-6}$$

其中，q_1 和 q_2 分别表示企业 1 和企业 2 在这一市场内的销量。

若（q_1*，q_2*）为纳什均衡解，则 $\pi_1(q_1, q_2)$ 和 $\pi_2(q_1, q_2)$ 的一阶导数为 0，则：

$$\frac{\partial \pi}{\partial q_1} = a - 2bq_1 - bq_2 + \frac{1}{1 + x_1^{-\alpha}} \tag{6-7}$$

$$\frac{\partial \pi}{\partial q_2} = a - 2bq_2 - bq_1 + \frac{1}{1 + x_2^{-\alpha}} \tag{6-8}$$

根据式（6-7）和式（6-8）可得到 q_1，q_2 的反应函数分别为：

$$q_1^* = R_1(q_2) = -\frac{a - 2bq_2 + \dfrac{1}{1 + x_2^{-\alpha}}}{b} \tag{6-9}$$

$$q_2^* = R_2(q_1) = -\frac{a - 2bq_1 + \dfrac{1}{1 + x_1^{-\alpha}}}{b} \tag{6-10}$$

整理得到，

$$q_1^* = q_2^* = \frac{a + \dfrac{1}{1 + x^{-\alpha}}}{3b} \tag{6-11}$$

分别带入企业 1 和企业 2 的支付函数，得到

$$\pi_1(q_1, q_2) = \left[a - \frac{2}{3}\left(a + \frac{1}{1 + x^{-\alpha}}\right) + \frac{1}{1 + x^{-\alpha}}\right] * \frac{a + \dfrac{1}{1 + x^{-\alpha}}}{3b} - K - c_1 x_1^2 \tag{6-12}$$

$$\pi_2(q_1, q_2) = \left[a - \frac{2}{3}\left(a + \frac{1}{1 + x^{-\alpha}}\right) + \frac{1}{1 + x^{-\alpha}}\right] * \frac{a + \dfrac{1}{1 + x^{-\alpha}}}{3b} - k - c_2 x_2^2 \tag{6-13}$$

对称双寡头情况下的纳什均衡结果为：两家企业具备相同的产品销量，从而得到相同的回报。令式（6-12）和（6-13）的一阶偏导数为 0，可求最佳投资量和最优回报。$\dfrac{\partial \pi}{\partial x}$ 不存在解析解，因此我们需要采用 MATLAB 软件对回报函数进行算例分析。

此时，对称双寡头市场中的回报总量为：

$$\pi_1(q_1, q_2) + \pi_2(q_1, q_2) = \left[a - \frac{2}{3}\left(a + \frac{1}{1 + x^{-\alpha}}\right) + \frac{1}{1 + x^{-\alpha}}\right] * \frac{a + \dfrac{1}{1 + x^{-\alpha}}}{3b} - k - c_2 x_2^2$$

$$\tag{6-14}$$

6.3.2 投资于不同市场

当两家企业分别在新兴市场（E）或成熟市场（M）进行投资时，市场环境相当于寡头垄断。此时，企业的支付函数为：

$$\pi_\phi(q_i) = [a_\phi - b_\phi q_i + R_\phi(x_\phi)] * q_i - (K_\phi + c_\phi x_\phi{}^2)\phi = M, E; i = 1, 2 \quad (6\text{-}15)$$

其中，ϕ 表示为企业类型，当 ϕ 为 M 时，为成熟企业；为 E 时，是新兴企业。$i=1$ 和 2，分别表示为企业 1 和企业 2。

以企业 1 在成熟市场的投资为例，此时企业的回报为式（6-16），

$$\pi_M(q_1) = [a_M - b_M q_1 + R_M(x_M)] * q_1 - (K_M + c_M x_M{}^2) \quad (6\text{-}16)$$

当企业在这一市场获得最大回报的时候，式（6-16）中 q 和 x 的一阶偏导为 0，则：

$$\frac{\partial \pi_M}{\partial q_1} = a_M - 2 * b_M * q_1 + \frac{1}{1 + x_M{}^{-\alpha_M}} \quad (6\text{-}17)$$

$$q_1 = \frac{\left(a_M + \dfrac{1}{1 + x_M{}^{-\alpha_M}}\right)}{2b_M} \quad (6\text{-}18)$$

$\dfrac{\partial \pi_M}{\partial x_M} = 0$ 不存在解析解，需进行算例分析。

此时，两企业单独投资于同一个市场（成熟市场）回报总量，也是这一市场的回报总量为式（6-19）：

$$\pi_M(q_1) = \frac{1}{2}[a_M + R_M(x_M)] * q_1 - (K_M + c_M x_M{}^2) \quad (6\text{-}19)$$

综上所述，我们得到对称双寡头市场下，企业的博弈矩阵：

通过对两家企业支付函数的推论和博弈矩阵的构建，可以看出：对称的双寡头市场环境下，企业总是占据着相同的市场份额；两家绝对理性的对称双寡头企业，不会采取不同的投资策略。

表 6-1 对称双寡头博弈矩阵

1 2	M	E
M	$\left[a_M - \dfrac{2}{3}\left(a_M + \dfrac{1}{1+x_M{}^{-\alpha_M}}\right) + \dfrac{1}{1+x_M{}^{-\alpha_M}}\right] *$ $\dfrac{a_M + \dfrac{1}{1+x_M{}^{-\alpha}}}{3b_M} - K_M - c_M x_M{}^2$ $\left[a_M - \dfrac{2}{3}\left(a_M + \dfrac{1}{1+x_M{}^{-\alpha_M}}\right) + \dfrac{1}{1+x_M{}^{-\alpha_M}}\right] *$ $\dfrac{a_M + \dfrac{1}{1+x_M{}^{-\alpha}}}{3b_M} - K_M - c_M x_M{}^2$	$\dfrac{1}{2}\left[a_E + R_E(x_E)\right] * q_1 - (K_E + c_E x_E{}^2)$ $\dfrac{1}{2}\left[a_M + R_M(x_M)\right] * q_2 - (K_M + c_M x_M{}^2)$
E	$\dfrac{1}{2}\left[a_M + R_M(x_M)\right] * q_1 - (K_M + c_M x_M{}^2)$ $\dfrac{1}{2}\left[a_E + R_E(x_E)\right] * q_2 - (K_E + c_E x_E{}^2)$	$\left[a_E - \dfrac{2}{3}\left(a_E + \dfrac{1}{1+x_E{}^{-\alpha_E}}\right) + \dfrac{1}{1+x_E{}^{-\alpha_E}}\right] *$ $\dfrac{a_E + \dfrac{1}{1+x_E{}^{-\alpha_E}}}{3b_E} - K_E - c_E x_E{}^2$ $\left[a_E - \dfrac{2}{3}\left(a_E + \dfrac{1}{1+x_E{}^{-\alpha_E}}\right) + \dfrac{1}{1+x_E{}^{-\alpha_E}}\right] *$ $\dfrac{a_E + \dfrac{1}{1+x_E{}^{-\alpha_E}}}{3b_E} - K_E - c_E x_E{}^2$

6.3.3 算例分析

当两企业同时投资于一个市场时，令 $a = 15$，$b = 1$，$c = 0.2$，$\alpha = 1.5$，$K = 15$。对项目价值进行数值分析。

由于两企业支付函数完全相同，研发量和产品销量可替代表示，因此不需要做三维图。根据图 6-2 的结果表明，当研发投入量 $x = 1.67$ 时，项目得到最大值 16.77，市场的回报总量为 33.54，同时也是该市场内的最大回报。

当两企业同时分别在不同市场进行投资时，相当于寡头垄断的市场情况。我们假设相同的市场条件：$a = 15$，$b = 1$，$c = 0.2$，$\alpha = 2$，$K = 15$，对项目价值进行数值分析。

根据图 6-3 的结果表明，当研发投入量 $x = 2.26$ 时，项目得到最大值

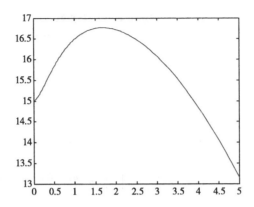

图 6-2　企业在同一市场中投资的回报曲线

51.17，同时也是该市场内的最大回报。此时的市场总回报，远大于两企业同时投资于同一市场。回报随着投资规模的增加而增加，达到最优回报点后，开始显著下降。符合市场规律。相同的市场条件下，企业单独投资于一个市场的回报总量，远大于两家企业共同投资于同一市场的回报总量。竞争减少了企业的研发投入量，削弱了企业在市场中的总获利能力。为了更直观地表达研发投入系数 α 对支付函数的影响，本文在非对称双寡头模型中对 α 进行具体讨论。

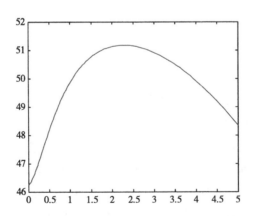

图 6-3　企业各自在不同市场中投资的回报曲线

6.3.4 均衡分析

针对双市场博弈中可能出现的几种均衡结果（对称双寡头企业投资于同一市场时，采取相同的投资策略，获得相同的投资回报），本文以最简单的数值为例，对可能的均衡结果进行阐述：

（1）博弈的一般情况。具体分析如下：

当 $\pi_1[M, M] > \pi_1[E, E]$，$\pi_2[M, M] > \pi_2[E, E]$，企业均倾向于在成熟市场投资，不愿在新兴市场投资。

表 6-2　博弈的一般情况

2 ＼ 1	M	E
M	4, 4	5, 1
E	1, 5	2, 2

此博弈存在一个纳什均衡（NE, Nash equilibrium）：$[M, M]$，同时也是此博弈的帕累托最优结果。选择成熟市场的项目，会为企业带来最高的或者次高的利润，结果主要取决于竞争对手的决定，双寡头市场下很容易得到纳什均衡结果。但是，企业仍然通过选择在新兴市场投资的策略来惩罚对方在之前博弈中的对抗性行为。当两个企业同时选择用对抗性决策惩罚对方时，会得到较差的结果（2, 2）。

（2）囚徒困境。具体分析如下：

当 $\pi_1[M, M] < \pi_1[E, E]$，$\pi_2[M, M] < \pi_2[E, E]$ 时，会出现囚徒困境。

表 6-3　囚徒困境

2 ＼ 1	M	E
M	2, 2	5, 1
E	1, 5	4, 4

囚徒困境中同样存在纳什均衡：$[M, M]$，却不是占优策略（$[E, E]$）。这也是对称双寡头市场下，极易得到的一种均衡结果。此时获得的回

报并不是最优回报，为了跳出囚徒困境，需要双方企业的合作。因此，在这种情况下，企业双方应采取合作模式，通过谈判、信息沟通等手段，实现利益最大。

（3）斗鸡博弈。具体分析如下：

当 $\pi_1[E, M] > \pi_1[M, M]$，$\pi_2[M, E] > \pi_2[M, M]$ 时，会出现斗鸡博弈。

表6-4 斗鸡博弈

1 2	M	E
M	1, 1	5, 2
E	2, 5	4, 4

在斗鸡博弈中，存在两个纳什均衡：$[M, E]$；$[E, M]$。绝对理性的双寡头企业，不会采取不同的投资策略，即使斗鸡博弈中存在两个纳什均衡结果，两家企业仍然可能得到结果（4，4），甚至是最差的结果（1，1）。此时，协商和合作的重要性再次凸显。

（4）猎鹿博弈。具体分析如下：

当 $\pi_1[E, E] > \pi_1[M, E]$，$\pi_2[E, E] > \pi_2[E, M]$ 时，会出现猎鹿博弈。

表6-5 猎鹿博弈对抗

1 2	M	E
M	2, 2	4, 1
E	1, 4	5, 5

在猎鹿博弈中同样存在两个纳什均衡：$[M, M]$；$[E, E]$，其中 $[E, E]$ 是占优策略。尽管存在占优策略，但是企业可能会因为竞争对手对抗性的决策（选择在成熟市场投资），而导致较低的收益。因此，在此种博弈情况下，对称双寡头企业仍需采取合作和协商的行为。

6.4 非对称双寡头模型

6.4.1 企业回报分析

基于信息系统产品的具体特点以及文献理论研究，我们假设在双寡头竞争市场中存在两家企业，分别是企业 1 和企业 2。定义企业 1 的实力强，而企业 2 的实力稍弱，因此企业 1 往往在市场中率先采取行动。企业 1 和企业 2 分别根据市场中用户需求，研发非完全同质的两种信息系统产品。更大的研发投入量，使产品具备更优越的性能，从而在相同的市场容量下，得以获得更优越的价格。与对称双寡头市场环境一致，我们选择相同的函数来表示研发投入量对产品价格的影响，即：

$$R_i(x_i) = \frac{1}{1 + x_i^{-a}}, \quad (i = 1, 2) \tag{6-20}$$

公式（6-20）为 S 形曲线，$R(x_i)$ 的取值随着 x_i 的增加而呈 S 形增加，且随着 α 的增大而增大。同一市场环境下，更优越的产品所带来的价格增幅，随着这种优势的增大而增大，当优势增幅较小时，并不明显，当优势增幅到达一定程度时，价格差异性明显提升，然而由于市场容量和消费者承受能力有限，价格增幅不会无限增大，且在达到一定程度后，初步趋于平坦，这与 S 曲线的走向一致。同时，S 曲线在经济学领域被广泛应用于利润流或者价值回报的函数[134]，与本研究中的价值增幅原理具备一定的相似性。因此，S 曲线可以有效地表示不同产品研发投资量带来的产品价格差异。

则，企业 1 信息系统或信息技术云的销售价格为：

$$P_1 = P_b + R_1(x_1) \tag{6-21}$$

企业 2 信息系统或信息技术云的销售价格为：

$$P_2 = P_b + R_2(x_2) \tag{6-22}$$

其中，P_b 表示不进行额外研发投入时的基本价格。

市场中所有此类信息系统或信息技术的平均价格 P 为企业 1 价格 P_1 和企业 2 价格 P_2 的均值：

$$P = (P_1 + P_2)/2 \tag{6-23}$$

根据式（6-21）、（6-22）和（6-23）得到：

$$P_1 = P + \frac{1}{2}(R_1 - R_2) \tag{6-24}$$

$$P_2 = P + \frac{1}{2}(R_2 - R_1) \tag{6-25}$$

信息系统或信息技术云研发项目研发时的投入成本 I 与对称双寡头情况相同，可表示为：

$$I_i = C_i x_i^2 + K \tag{6-26}$$

其中，c 和 K 为分别为研发成本参数和前期成本，x 为企业的研发投入力度。

则，企业 i 信息系统或信息技术云研发项目投资回报可以表示为：

$$\pi_i = \left[a - bQ + \frac{1}{2}(R_i - R_j) \right] * q_i - I_i (i, j = 1, 2; i \neq j) \tag{6-27}$$

6.4.2 销量观测阶段

利用逆向归纳法进行求解，由于市场情况为非对称双寡头，假设企业 1 为领先者，先进行投资，企业 2 观测到企业 1 的产量来确定其产量。信息系统和信息技术云不受传统产量的约束，因此在本阶段，我们令企业 2 观测企业 1 的销量，推测自身产品的销量，从而在下一阶段确定研发的投资规模。

在销量观察阶段，企业 2 观测到企业 1 的销量后，确定自己的销量，则企业 2 在产品销售期的利润函数为：

$$\pi_2 = \left[a - bQ + \frac{1}{2}(R_2 x_2 - R_1 x_1) \right] q_2 - C_2 x_2^2 + K \tag{6-28}$$

其中，q_1 和 q_2 分别表示企业 1 和企业 2 在这一市场内的销量。

式（6-28）的一阶条件可表示为：

$$\frac{\partial \pi_2}{\partial q_2} = a - b(q_1 + q_2) - bq_2 - \frac{1}{(1 + x_1^{-\alpha})^2} + \frac{1}{(1 + x_2^{-\alpha})^2} \tag{6-29}$$

根据（6-29）可得到 q_2 关于 q_1 的表达式：

$$s(q_1) = \frac{a - bq_1 - \frac{1}{2}\left(\frac{1}{(1 + x_1^{-\alpha})^2} + \frac{1}{(1 + x_2^{-\alpha})^2} \right)}{2b} \tag{6-30}$$

则，企业 1 在产品销售期的利润函数为：

$$\pi_1 = \left[a - bQ + \frac{1}{2}(R_1 x_1 - R_2 x_2) \right] q_1 - C_1 x_1^2 + K \tag{6-31}$$

将式（6-29）带入（6-30），得到（6-31）的一阶条件为：

$$\frac{\partial \pi_2}{\partial q_1} = a - bq_1 + \frac{1}{(1 + x_1^{-\alpha})^2} - \frac{1}{(1 + x_2^{-\alpha})^2} - b\left[q_1 + \frac{a - bq_1 - \frac{1}{2}\left(\frac{1}{1 + x_1^{-\alpha}} + \frac{1}{1 + x_2^{-\alpha}}\right)}{2b}\right]$$

(6-32)

得到企业 1 和企业 2 的销量：

$$q_1 = \frac{\frac{1}{2}a + \frac{3}{4}\left(\frac{1}{1 + x_1^{-\alpha}} - \frac{1}{1 + x_2^{-\alpha}}\right)}{b}$$

(6-33)

$$q_2 = \frac{\frac{1}{2}a - \frac{5}{4}\left(\frac{1}{1 + x_1^{-\alpha}} + \frac{1}{1 + x_2^{-\alpha}}\right)}{2b}$$

(6-34)

其中，$\frac{\partial q_1}{\partial a} > 0$，$\frac{\partial q_1}{\partial b} < 0$，$\frac{\partial q_2}{\partial a} > 0$，$\frac{\partial q_2}{\partial b} < 0$。

6.4.3　研发投入决策阶段

将式（6-33）、（6-34）带入企业 2 在研发阶段的支付函数，得到：

$$\pi_2(x_1, x_2) = \left\{a - bQ + \frac{1}{2}(R_2 x_2 - R_1 x_1)\right\} *$$

$$\left[\frac{\frac{1}{2}a - \frac{5}{4}\left(\frac{1}{1 + x_1^{-\alpha}} + \frac{1}{1 + x_2^{-\alpha}}\right)}{2b}\right] - C_2 x_2^2 + K$$

(6-35)

将式（6-33）、（6-34）带入企业 1 在研发阶段的支付函数，得到：

$$\pi_1(x_1, x_2) = \left[a - bQ + \frac{1}{2}(R_1(x_1) - R_2(x_2))\right]$$

$$* \left[\frac{\frac{1}{2}a - \frac{3}{4}\left(\frac{1}{1 + x_1^{-\alpha}} + \frac{1}{1 + x_2^{-\alpha}}\right)}{b}\right] - C_1 x_1^2 + K$$

(6-36)

当 $\frac{\partial \pi}{\partial x_1}$ 和 $\frac{\partial \pi}{\partial x_2}$ 为 0 时，企业 1 和企业 2 的支付函数取得最大值。然而，$\frac{\partial \pi}{\partial x_1} = \frac{\partial \pi}{\partial x_2} = 0$ 时，x_1 和 x_2 不存在解析解，需要对支付函数进行算例分析。

当企业单独投资于一个市场时，相当于寡头垄断的情况。与对称双寡头的寡头垄断情况相同。综上所述，非对称双寡头企业的支付矩阵为：

表6-6 非对称双寡头博弈矩阵

1 \ 2	M	E
M	$\left\{ a_M - b_M Q_M + \dfrac{1}{2}\left[R_{1M}(x_1) - R_{2M}(x_2) \right] \right\} *$ $q_{1M} - c_{1M}x_{1M}^2 - K_{1M}$ $\left\{ a_M - b_M Q_M + \dfrac{1}{2}\left[R_{2M}(x_2) - R_{1M}(x_1) \right] \right\} *$ $q_{2M} - C_{2M}x_{2M}^2 - K_{2M}$	$\left[a_E - b_E Q_E + R_{1E}(x_1) \right] * Q_E - c_{1E}x_{1E}^2 - K_{1E}$ $\left[a_M - b_M Q_M + R_{2M}(x_2) \right] * Q_M - C_{2M}x_{2M}^2 - K_{1M}$
E	$\left[a_M - b_M Q_M + \dfrac{1}{2}R_{1M}(x_1) \right] *$ $Q_M - c_{1M}x_{1M}^2 - K_{1M}\,,$ $\left[a_E - b_E Q_E + \dfrac{1}{2}R_{2E}(x_2) \right] *$ $Q_E - c_{2E}x_{2E}^2 - K_{2E}$	$\left\{ a_E - b_E Q_E + \dfrac{1}{2}\left[R_{1E}(x_{1E}) - R_{2E}(x_{2E}) \right] \right\} *$ $q_{1E} - c_{1E}x_{1E}^2 - K_{1E}\,,$ $\left\{ a_E - b_E Q_E + \dfrac{1}{2}\left[R_{2E}(x_{2E}) - R_{1E}(x_{1E}) \right] \right\} *$ $q_{2E} - c_{2E}x_{2E}^2 - K_{2E}$

6.4.4 算例分析

当企业 1 和企业 2 同时在新兴市场或者成熟市场进行投资时，$\dfrac{\partial \pi_2}{\partial a} > 0$，$\dfrac{\partial \pi_2}{\partial b} < 0$，令 $a = 15$，$b = 1$，$c = 0.2$，$\alpha = 1.5$，$K = 10$，$x = [0, 5]$ 分别对 $\pi_1(x_1, x_2)$ 和 $\pi_2(x_1, x_2)$ 进行算例分析，企业 1 和企业 2 的投入与回报关系分别见图6-4至图6-7。由于支付函数关于研发投入量 x_i 一阶导数为 0 时无解的原因是研发投入量 $R_i(x_i)$ 的函数格式为 S 型函数，因此我们定义不同的研发投入系数 α，观察不同的研发投入系数对项目回报的影响。令 $\alpha = 2$，保持其他参数不变，对企业的支付函数进行数值分析，企业 1 和企业 2 的投入与回报关系分别见图6-4、图6-6以及图6-5、图6-7，z 轴表示该研发投入量下企业 1 或企业 2 的项目回报 $\pi_1(x_1, x_2)$ 或 $\pi_2(x_1, x_2)$，x 轴和 y 轴分别表示企业 1 和企业 2 的研发投入量 x_1，x_2。

对比图6-4和图6-5，分析不同研发投入系数的领先者，即企业 1 的项目回报的影响。图6-4和图6-5中回报曲线的形状大致相同。当 $\alpha = 1.5$ 时，企业 1 研发投入量 $x_1 = 2.041$ 时，为最优投资决策，企业 1 项目投资回报的最大值随着企业 2 的研发投入量增大而减小。当 $\alpha = 2$ 时，研发投入量 $x_1 = 2.143$

时，项目得到最大值。这一最大值同样随着企业 2 的研发投入量增大而减小。

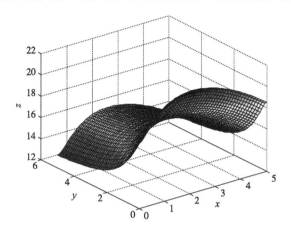

图 6-4　企业 1 投入规模与回报曲线（z 轴表示企业 1 的回报，$\alpha=1.5$）

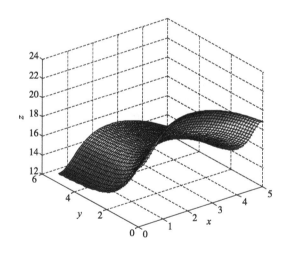

图 6-5　企业 1 投入规模与回报曲线（z 轴表示企业 1 的回报，$\alpha=2$）

对比图 6-6 和图 6-7，分析不同的研发投入系数对跟随者，即企业 2 的项目回报的影响。图 6-4 和图 6-5 中回报曲线的形状大致相同。当 $\alpha=1.5$ 时，研发投入量 $x_2=1.939$ 时，项目得到最大值。这一最大值随着企业 2 的研发投入量增大而减小。当 $\alpha=2$ 时，研发投入量 $x_2=2.041$ 时，项目得到最大值。这一最大值随着企业 2 的研发投入量增大而减小。

可以看出企业 1 的回报曲面比企业 2 的曲面更加陡峭，而项目回报的递

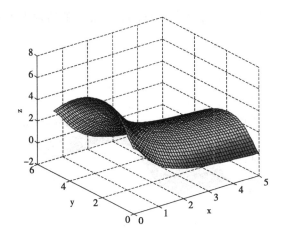

图 6-6　企业 2 投入规模与回报曲线（z 轴表示企业 2 的回报，α=1. 5)

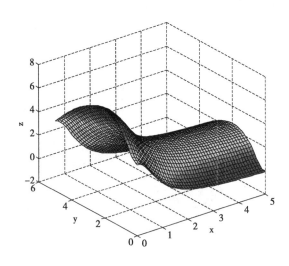

图 6-7　企业 2 投入规模与回报曲线（z 轴表示企业 2 的回报，α=2)

增的规律与领先者企业 1 相同。研发投入系数的增加的经济意义在于，同等规模的研发投入量下，更大的研发投入系数能获得更大的投资回报。在双寡头博弈状态下，更高的回报参数对应更陡峭的投入与回报曲线。当竞争对手不采取行动时，企业获得最高的投资回报，而当竞争对手全力以赴时，企业的回报会变得更少。更大的研发投入系数，使得竞争的结果愈发激烈。

　　分别对比图 6-4、图 6-6 和图 6-5、图 6-7，分析观察领先者和跟随者，即企业 1 和企业 2 的投入规模曲线。在研发投入系数 $\alpha = 1.5$ 的市场条件下，企业 1 和企业 2 分别在 $x_1 = 2.041$ 和 $x_2 = 1.939$ 处取得纳什均衡，纳什均衡结果为 π（1，2）＝（16.126，2.1129）；在研发投入系数 $\alpha = 2$ 的市场条件下，企业 1 和企业 2 分别在 $x_1 = 2.143$ 和 $x_2 = 2.041$ 处取得纳什均衡，纳什均衡结果为 π（1，2）＝（15.829，1.766）。

企业 1 对比企业 2，有着作为领先者的显著优势，企业 2 作为跟随者，无论选择何种策略，其最优的项目回报都要远小于企业 1 的项目回报。更大的 α 会促使两家企业加大研发投入的力度。然而更大的研发投入力度并不能带来更好的均衡结果。此外，企业最大回报随着研发投入系数 α 的增加而递增。企业 2 的最优回报受企业 1 投资规模的负向影响，且随着 α 的递增，企业 1 的投资规模对企业 2 的最优回报的影响更加显著。当企业 1 不进行额外投资规模追加时，企业 2 可获得最优回报，回报随着投资规模的增加而增加，达到最优回报点后，开始显著下降。符合市场规律。

算例的分析结果表明，在非对称的双寡头环境下，实力强、信息获取量大的企业往往会攫取先动优势在市场中获得更大的利润。两家企业中的领先者由于在市场中占据显著的优势，其项目回报高，回报曲线更具稳定性。当存在信息和实力不对称的情况时，后投资的企业无论如何决策，其项目回报往往会小于领先者的项目回报，也小于其在单独市场进行投资的回报。企业最佳研发投入量不受竞争对手的影响，主要受市场环境的影响，更好的市场环境下会有更高的投入。然而，更好的市场环境，可能会带来更激烈的竞争，导致两家企业获得相对较少的回报。因此，对于云服务下的信息系统研发项目，市场信息的获取至关重要，一旦条件允许，应立即进行投资。

当企业 1 和企业 2 单独在成熟市场或者新兴市场投资时，相当于寡头垄断的市场环境，与对称双寡头下企业单独投资于特定市场的情形一致，见图 6-2 和图 6-3。

当 $a = 15$，$b = 1$，$c = 0.2$，$\alpha = 1.5$，$K = 15$，研发投入量 $x = 1.67$ 时，项目价值最大为 33.54；当 $a = 15$，$b = 1$，$c = 0.2$，$\alpha = 1.5$，$K = 15$，研发投入量 $x = 2.26$ 时，项目价值最大为 51.17，同时也是该市场内的最大回报。而两家企业在同一市场进行投资时纳什均衡结果的回报总量则为 18.238 9，对称双寡头企业在同一市场进行投资时纳什均衡结果的回报总量则为 33.54。

6.4.5 均衡分析

非对称双寡头市场和对称双寡头市场最大的区别在于，对称双寡头企业，由于势均力敌，企业信息和资源不存在明显差异，往往会选择相同的投资策略。绝对理性的对称双寡头企业，若在同一市场进行投资，则会在相同的时间投入相同的资源研发新产品。这使得他们在同一市场的回报相同，仅当独立在不同市场投资时，才会得到不同回报。

而非对称双寡头企业，由于企业间的实力差距，实力强的企业总是会攫取市场中的占先优势，跟随者虽然在领先者产品投入市场前看不到领先者的投资决策，但是理性的跟随者可推测出，自身企业发现商机的时候，领先者已经先一步采取行动。如此一来，跟随者企业的决策就变成了一个贝叶斯决策。跟随者企业推测出领先者企业的行为，进而作出反应。在这种情况下，领先者企业优先选择最优投资策略，跟随者推测领先者行为，在领先者决策的基础上选择最优的投资策略。最后，得到一个序贯均衡结果。

根据本小节算例分析的结果，当且仅当成熟市场或者新兴市场的回报足够优越时，两家企业才会在同一市场进行投资。而大多数情况下，两家企业会分别在不同市场进行投资。

与对称双寡头大多数情况下需要合作和协商以获得最佳收益的方式不同，当两家企业实力差距较大时，合作不再是必要的，两家企业会采取完全竞争的对抗模式。

6.5　本章小结

云计算理论的推广和应用，改变了原有信息化产业的研发、生产、销售、使用、维护、升级的整个过程。纵观现有的信息化研发投资模型，这些云计算的应用和经济飞速发展带来的新特性并没有得到体现。本文着重考虑信息化产品的异质性以及云服务视角下信息系统和信息技术在云平台上租赁或者购买的使用模式，建立研发、销售两阶段动态博弈模型，将产品的异质性体现到企业的支付函数里，同时删去单位可变成本的影响。此外，还考虑到多市场环境下，其他局中人的行为对企业最佳投资决策的影响。本文中，我们从最基本的模型出发，选择对称双寡头和非对称双寡头两种情形，构建两企业支付函数，对博弈情况进行分析，探寻纳什均衡结果。值得注意的是，并不是所有的博弈，都能得到纳什均衡。研究结果表明：

（1）在对称环境下，由于绝对理性的两家对称企业不可能采取不同的策略，企业往往局限在同一市场进行投资。这使得很多博弈结果不是纳什均衡，也不是占优策略。通常，企业单独投资于一个市场时具备更高的研发投入量，获得的市场回报总量远大于两家企业在同一市场中进行投资的回报总量，但更高的研发投入量并不会带来更优越的回报。由于对称性，即使存在纳什均衡结果，企业仍然可能由于采取相同的投资策略而无法获得最佳投资回报。因此，在对称的双寡头环境下，合作的策略和信息沟通的行为可以为两家企业带来更高的利润。

（2）在非对称环境下，实力强的企业占据明显的优势。实力强的企业有更多的资源和信息，往往先发制人，占据先动优势获得更大的市场。这一优势很难被跟随者的策略改变，无论跟随者采取何种决策，其项目回报总是小于领先者的项目回报。在给定的市场环境下，一旦满足信息化项目的投资条件，应立即进行项目投资。由于两家实力的差距，跟随者企业可通过推测领先者企业的行为获得序贯均衡结果，而领先者企业不会采取合作的行为放弃自己的占先优势。因此，在非对称双寡头环境下，尤其是两家企业存在明显差距时，企业间是完全竞争关系。

（3）更大的研发力度，会为企业带来更优越的产品，但产品的价值并不会随着研发投入量的增大而无限增大，最优的研发投入量基本只受市场状况和其自身研发能力、资源等影响，竞争对手的行为对企业自身最优研发投入量的影响甚微。最后，更优越的市场环境，会促使更大的研发投入量，但是更大的研发投入量并不一定会带来更优越的均衡结果。更好的市场环境会造成更激烈的竞争，更激烈的竞争会导致双方项目回报的减少。

（4）本文中的模型理论和推导结果可以为云服务下企业信息化研发项目投资提供决策支持，其理论可作为投资者进行决策时的定理和准则。模型推导和分析的结果与企业实际经营过程中的经典理论和现象相吻合，因此模型具备良好的适用性和可靠性。研究结果可以应用到决策支持系统和管理信息系统的算法规则中，为信息系统云供应商进行信息化研发项目的投资决策提供支持。

结论与展望

7.1　创新点

本书的特色与创新之处主要有以下几点。

（1）企业信息化升级效益指标路径分析。对企业进行信息化（信息系统与信息技术）升级后各项经营管理能力的提升状况进行分析，同时考虑到企业信息化不直接作用于企业利润流的特点，确定各项升级能力指标间的逻辑关系。在前期研究和专家建议的基础上修正了企业信息化升级效益指标，并通过问卷调查获取相关数据，探求信息化升级对企业各项管理经营能力的提升水平和指标间的路径关系，分析管理运维能力对企业利润流和成本的作用过程，探讨信息化升级项目的量化方法。再次证实了信息化对企业营利能力的促进作用，进一步分析这一促进路径。本文获取的一手数据信度可靠，模型结果符合效度标准，可以很好地解释说明信息化升级效益指标间的作用关系，从而明晰了信息化升级促进企业整体营利能力提升的路径过程。这项研究结果再次证实了信息化对企业营利能力的促进作用，进一步分析了具体的促进路径，对信息系统升级效益分析广泛适用，且不受云服务特征所局限。

（2）云服务视角下多重回报多期企业信息化升级项目投资决策集模型。与以往的研究不同，我们在企业信息化升级投资研究中，定义信息技术项目投资回报是一个多重不确定性的回报，并设立价值转换参数对非直接经济效益的回报进行转换，在此基础上应用实物期权理论和动态规划构建投资模型，并基于现阶段信息科技飞速发展的特点，将投资模型引入到多期的决策过程，构建信息系统与信息技术云升级项目投资决策模型，并总结了云用户投资时需要注意的定理和准则。这项研究结果，对云计算相关的项目投资决策问题具备较好的适用性。

（3）云服务视角下多市场的企业信息化研发项目投资决策模型。基于云服务视角下企业信息系统与信息技术研发投资的新特点，构建研发、销售两阶段的动态模型，考虑市场中的竞争以及项目价值不再受单位可变成本约束的新特点，引入信息系统与信息技术云服务研发投入量对服务价值的影响，并用 S 曲线进行表示。在双寡头和双市场的情况下，对企业博弈情况进行探讨，构建企业信息系统与信息技术云研发项目投资决策模型，建立博弈矩阵，寻找纳什均衡，并总结云供应商投资时需要注意的定理和准则。这项研究结果，对云计算相关的项目投资决策问题具备较好的适用性。

7.2 研究结论

本文在国家自然基金项目"信息化升级投资的选择取向及资源分配：以 EICMM 研究为基础"的研究基础上进行深入探索，吸纳和借鉴企业信息技术项目投资相关领域的国内外学术界已有的研究成果，对云服务下企业信息技术项目投资行为的整个系统进行有机分解。梳理云计算模式下的信息系统与信息技术从研发到实施的新特性，建立企业信息化升级效益指标，并对这些指标间的相互作用关系进行分析。剖析新环境下企业的多重身份，分别站在信息系统与信息技术研发供应商和用户的角度，基于信息化升级效益指标路径系数，构建信息系统和信息技术云升级项目投资决策模型、信息系统和信息技术云研发项目投资决策模型，形成了云服务下企业信息系统和信息技术投资决策框架与模式。通过上述的研究工作，本书较为系统地解决了云服务下企业信息技术项目投资决策的基本问题，不仅考虑了信息化升级对企业营利能力的间接影响，还考虑到云计算所带来的企业信息系统与信息技术研发实施方式的新变革。这样的分析框架不仅具有较好的理论价值，而且也有一定的实际应用意义。现将本文取得的研究成果归纳如下。

7.2.1 企业信息化升级效益指标路径关系总结

建立企业信息化升级效益指标，并得到信息系统升级中，各类生产经营和管理运维能力间的路径过程，其路径关系如表 7-1：

表 7-1 我国中小型企业信息化效益指标路径关系

指标变量	路径关系	指标变量	Estimate
经济效益	←	管理能力	0.515
经济效益	←	业务能力	0.503
业务能力	↔	管理能力	0.672
生产成本降低	←	经济效益	0.621
收入或利润提升	←	经济效益	0.575
销售成本降低	←	经济效益	0.600

指标变量	路径关系	指标变量	Estimate
采购成本降低	←	经济效益	0.648
准时交货率提高	←	业务能力	0.531
购物结算周期缩短	←	业务能力	0.563
库存资金减少	←	管理能力	0.612
人员减少	←	管理能力	0.569
订单处理周期缩短	←	业务能力	0.599
生产效率提升	←	业务能力	0.663

我们通过对测量模型与结构模型的内部结构及路径进行研究，分析各项指标因素的相互作用关系。整理得到以下结论：

第一，企业业务能力和管理能力对企业直接经济效益有着较强的促进作用。加大对企业业务能力和管理能力的投入，能促进企业直接营利能力的提升，进而提升企业的核心竞争力。

第二，信息系统的升级，从整体上优化了企业经营管理结构中各项活动的流程。对诸如生产成本降低、利润或者收入的提升、销售费用减少、采购成本降低等一系列收入和成本因素都有着较强的促进作用。其中，采购成本对提升企业经济效益的效果最为显著，是需要重点关注的部分。企业进行信息化升级后，利润流的提升和成本的减少充分说明了信息化对企业盈利能力的促进作用。

第三，生产效率的提升对业务能力的提升有着最为明显的促进作用，加大这方面的投入会取得更高的投入效率，促进企业业务能力的提升，继而间接地促进企业直接经济效益的提升。库存资金和人员减少是企业管理能力提升的重要标志，尤其是库存资金的减少。较低的库存资金意味着企业具备良好的现金管理能力，有较高的管理水平，这都会促使企业盈利能力得到增强。

第四，通过结果方程模型分析，得到了直接经济效益与业务能力、管理能力的路径关系，业务能力和管理能力的路径关系，以上研究可以作为信息化升级项目的价值转换系数，由此对信息化升级项目的价值进行量化。

此外，通过各变量间路径关系的有机叠加，得到非直接经济效益对直接经济效益的价值转换系数，如图7-2所示。这也是本研究中企业信息系统与信息技术云升级项目投资决策模型构建的重要依据：

表 7-2 非直接经济效益指标的价值转换系数

	经济效益转换系数		经济效益转换系数
综合管理能力	0.515	库存资金减少	0.315
综合业务能力	0.503	人员减少	0.293
准时交货率提高	0.267	订单处理周期缩短	0.301
购物结算周期缩短	0.283	生产效率提升	0.333

7.2.2 企业信息系统与信息技术云升级项目投资决策模型以及决策时的规则定理

本文考虑云服务下信息系统与信息技术项目更迭快、实施快、成本不可逆以及未来回报不确定的新特点，构建了多期的信息系统与信息技术云升级项目投资决策模型。对模型进行推导和算例分析后，得到以下重要结论：

第一，当项目预期回报不确定性提高时，项目有更大的可能性被延期。项目的期权价值随着最优投资阈值的升高而然升高，投资预期回报的不确定性会提升项目的期权价值。

第二，升级项目投资预期目标之间的正向的相互关系也会导致项目投资阈值的升高，从而导致项目被延期。但其作用效果不如各个预期回报的不确定性因素明显。企业最佳投资决策对项目回报的不确定性的变化更加敏感。

第三，采用多期的决策模型会得到优于单期决策模型的决策结果，当市场环境良好且愈发清晰时，即企业对未来技术的到来时间和技术效率了解更为充分时，多期模型的优势愈发明显。

7.2.3 企业信息系统与信息技术云研发项目投资决策模型以及决策时的规则定理

本文着重考虑信息系统与信息技术云产品的异质性以及云服务视角下信息系统产品通过在平台上租赁或者购买的使用模式等新特点，应用动态博弈理论，将这些新特点用量化的方式体现到企业的支付函数里，建立了双寡头、双市场环境下的企业信息系统与信息技术云研发项目投资决策模型。对模型进行推导和算例分析，得到以下重要结论：

第一，在对称环境下绝对理性的两家双寡头企业不可能采取不同的策略。并不是所有的博弈，都能得到纳什均衡结果。合作的策略以及信息沟通的行为可以为对称双寡头企业带来更高的利润。

第二，在非对称环境下，实力强的企业有明显的占先优势。跟随者无论采取何种策略，都难以扭转领先者获得较高市场回报的局面，且跟随者的决策对领先者最优研发量的影响甚微。一旦投资条件满足，企业会立刻采取行动，抢先占优。因此，这种市场环境下企业不会采取合作的行为，企业之间的关系是完全竞争。

第三，竞争对手的研发投入量对企业自身最优研发投入量的影响甚微，仅受企业自身资源和市场环境影响。企业独自在某一市场进行投资得到的回报，通常会高于两家企业共同投资于这一市场的回报总量。同时，由于竞争的存在，更好的市场环境下，可能不会获得更优越的投资回报。

7.3 不足之处

7.3.1 调查问卷的时限性与有效性

信息技术的飞速发展和云计算技术的日趋成熟，使得信息化升级为企业带来的升级效益会随着升级时间的不同而发生变化。本文的调查问卷，是对2014 年我国以长三角、珠三角和环渤海圈等地为主的中小型企业信息系统升级效益进行分析。在技术飞速发展的客观条件下，这份数据的有效性可能难以支撑后续几年的研究。此外，数据采集难度大和数据准确性难定性，是信息化投资这类不直接作用于企业利润流的建设项目进行问卷调查研究时的不可避免的难点。如何建立更有效、时效性更长、价值更高的调查问卷，不仅是本文也是本领域研究中普遍面临的难点问题。

7.3.2 日渐复杂的信息化市场环境

随着信息化市场的日渐复杂，博弈的情况可以进一步细化。由于篇幅和精力有限，本文仅对最典型的双寡头竞争模式进行分析，研究了企业进行信息化项目投资研发决策时的最优策略集，建立了较为完美的假设，但是没有考虑更为复杂的多寡头情况以及两家企业的合作、半合作状态等情况，同时忽略外生溢出效益的存在。本文虽然没有面面俱到对各个不同状态的博弈情况进行研究，但其建立的框架，可以为下一步的深入研究提供理论基础和模型基础。

7.4 展望

云服务对信息系统和信息技术的实施和使用带来了新的变革，我们在研究信息技术项目投资决策这一热点问题时，需要采用新的思路和新的方向。本文基于云服务下的新特点，研究了信息系统升级效益指标的路径关系，构建了信息化项目投资决策模型。本书旨在为云服务下信息技术项目投资决策的进一步研究抛砖引玉，并认为今后还可以在以下主要几个方向进行更深层次探讨。

7.4.1 可持续数据库

正如在研究的不足中所提到的，信息技术的飞速发展导致信息化升级效益指标的相关数据的时效性较短，不利于进一步研究的展开。因此，建立可持续的信息化数据库，不断对信息化数据进行更新，可以充分保证数据的有效性，为信息化的研究提供极大的便利。而数据库的部署、算法的设施、数据的收集方式、更新模式等等都是值得进一步研究的问题。

7.4.2 云资源的配置

和大多数发展中国家一样，我国不可避免地存在着信息化发展不平衡的现象。通过云服务的方式获取信息系统与信息技术，企业自身的网络条件需要满足云服务的资源分配要求。带宽成了云服务获取时不容忽略的先决因素之一。如何在发展中国家带宽资源有限的情况下实现云服务资源的合理配置，对云计算的进一步推广和应用具有重大的意义。目前，国外学者在这方面已经有了一定的研究基础，而国内的研究还相对较少。

自从将云服务视角下企业信息化项目投资决策研究作为我的博士学位论文选题开始，笔者深感惶恐、如履薄冰，时时刻刻都在督促自己努力学习、积累和提高。然而，由于知识、能力以及时间等诸多方面的因素的限制，本文还存在着一定的疏忽和不足，恳请各位专家、老师和同仁予以批评指正。

附录 A　企业信息技术项目投资研究调查问卷

企业信息技术项目投资研究调查问卷

您好！我们是首都经济贸易大学信息学院课题组，目前正在研究企业信息技术项目投资决策问题，现需要进行一次问卷调查，希望得到贵公司的支持。本次调查的数据仅用于学术研究，我们保证不会泄露贵公司的任何信息。谢谢您的配合与支持！

1. 您接受调查的时间是＿＿＿＿年＿＿＿＿月＿＿＿＿日。

2. 您所在的企业名称是＿＿＿＿＿＿＿＿＿＿＿，企业共计＿＿＿＿人。

3. 企业 2014 年资产规模是＿＿＿＿万元；营业额＿＿＿＿万元；营业成本＿＿＿＿万元；净收益＿＿＿＿万元。

4. 企业进行信息系统项目（信息系统更新或研发）投资的成本为＿＿＿＿万元；项目类型为＿＿＿＿［A. 信息系统升级（如 SAP8.0 升级 SAP 9.0）；B. 新系统采纳（如用 SAP 替代金蝶 ERP）；C. 研发新信息系统并面向市场］；项目建设时间为＿＿＿＿月。

5. 导致企业信息系统项目投资与预期目标偏离的原因＿＿＿＿＿＿＿＿［可多选］。

A. 项目投资成本偏离预期成本　　　B. 项目完成时间偏离预期

C. 项目回报偏离预期　　　　　　　D. 其他＿＿＿＿＿＿＿

6. 企业进行信息系统更新与企业研发新信息系统并面向市场，这两种项目在投资决策时所考虑的各方面因素是否存在显著不同＿＿＿＿。（用 5 分制表示差异等级，由弱至强：1. 完全一致；2. 略有不同；3. 存在一定差异；4. 存在较大差异；5. 存在显著差异。）

企业信息系统更新项目投资回报

7. 企业信息系统项目投资导致生产成本降低＿＿＿＿。

A. 0%—8%　　　　　　　　　　　B. 8%—15%

C. 15%—20%　　　　　　　　　　D. 20%—25%

E. 25%—30%

8. 企业信息系统项目投资导致库存资金降低＿＿＿＿。

A. 0%—15%　　　　　　　　　　　B. 15%—30%

C. 30%—40%　　　　　　　　　　D. 40%—50%

E. 50%—60%

9. 企业信息系统项目投资导致人员减少_____。

A. 0%—10%　　　　　　　　　　B. 10%—20%

C. 20%—30%　　　　　　　　　　D. 30%—40%

E. 40%—50%

10. 企业信息系统项目投资导致利润提升_____。

A. 0%—8%　　　　　　　　　　　B. 8%—15%

C. 15%—20%　　　　　　　　　　D. 20%—25%

E. 25%—30%

11. 企业信息系统项目投资导致销售费用减少_____。

A. 0%—5%　　　　　　　　　　　B. 5%—8%

C. 8%—12%　　　　　　　　　　　D. 12%—16%

E. 16%—20%

12. 企业信息系统项目投资导致采购成本降低_____。

A. 0%—8%　　　　　　　　　　　B. 8%—15%

C. 15%—20%　　　　　　　　　　D. 20%—25%

E. 25%—30%

13. 企业信息系统项目投资导致准时交货率提高_____（以 0%—100%
表示，0%表示准时交货率无提升，100%表示提升 100%）。

A. 0%—3%　　　　　　　　　　　B. 3%—7%

C. 7%—10%　　　　　　　　　　　D. 10%—12%

E. 12%—15%

14. 企业信息系统项目投资导致购物结算周期缩短_____（以 0%—
100%表示，0%表示购物周期无缩短，100%表示周期缩短 100%）。

A. 0%—5%　　　　　　　　　　　B. 5%—10%

C. 10%—15%　　　　　　　　　　D. 15%—20%

E. 20%—25%

15. 企业信息系统项目投资导致生产效率提升_____（以 0%—100%表
示，0%生产效率无提升，100%表示提升 100%）。

A. 0%—10%　　　　　　　　　　B. 10%—20%

C. 20%—25%　　　　　　　　　　D. 25%—30%

E. 30%—35%

16. 企业信息系统项目投资导致订单处理周期缩短_____。

A. 0%—10%　　　　　　　　　　B. 10%—20%

C. 20%—25%　　　　　　　　　　D. 25%—30%

E. 30%—35%

企业信息系统项目更新投资成本

17. 企业信息系统项目投资原材料成本所占比例为_____%；

18. 企业信息系统项目投资人力成本所占比例为_____%；

19. 企业信息系统项目投资管理费用成本所占比例为_____%。

附录 B 部分调查问卷结果

附表 B 部分调查问卷结果

序号	1	2(2)	3(1)	3(2)	3(3)	3(4)	4(1)	4(2)	4(3)	5	6	7	8	9	10	11	12	13	14	15	16	17	18	19
1	2015/11/6 15:28:11	92	5000	3000	2400	500	5	2	24	AC	2	A	C	A	A	A	B	C	B	A	C	55	30	15
2	2015/11/6 15:43:23	103	1000	3000	1500	1500	20	2	3	BC	3	A	A	A	B	C	B	C	A	B	A	20	15	10
3	2015/11/6 16:05:08	100	50000	3000	1000	2000	200	1	18	AC	4	B	B	B	C	B	B	C	C	B	B	35	35	30
4	2015/11/6 16:07:09	205	1500	2600	1200	1400	15	1	6	AC	2	B	C	B	B	C	B	C	C	C	B	20	35	25
5	2015/11/6 16:09:09	30	200	101	30	70	10	2	5	BC	3	C	C	B	C	D	C	C	C	D	C	5	10	5
6	2015/11/6 16:14:59	300	3000	1000	600	400	100	1	9	AB	4	B	C	A	D	B	C	B	C	B	C	20	10	15
7	2015/11/6 16:20:25	58	2000	1200	800	400	50	2	4	BC	3	B	B	A	B	C	B	D	C	C	B	25	35	30
8	2015/11/6 16:22:14	27	800	600	300	300	20	2	3	A	2	A	A	A	A	A	A	D	A	A	A	20	70	10
9	2015/11/6 16:23:53	846	2000	1200	560	640	250	3	10	A	3	A	A	A	B	C	A	D	A	A	A	45	30	20

续表

序号	1	2(2)	3(1)	3(2)	3(3)	3(4)	4(1)	4(2)	4(3)	5	6	7	8	9	10	11	12	13	14	15	16	17	18	19
10	2015/11/6 16:25:51	800	6000	3000	1500	800	60	2	3	AB	2	D	C	B	C	B	C	D	C	D	C	20	15	10
11	2015/11/6 16:26:26	48	1500	800	500	300	30	1	5	AB	4	C	B	B	C	C	B	C	B	C	B	30	25	40
12	2015/11/6 16:28:44	186	3500	6800	4500	1500	90	2	10	ABC	4	C	B	D	C	D	B	C	B	C	D	15	30	25
13	2015/11/6 16:33:21	500	5000	3000	1800	1200	300	1	7	AB	5	C	D	B	C	C	B	B	C	B	C	15	20	20
14	2015/11/6 16:43:39	50	2000	1000	6500	3500	50	2	18	BC	4	B	A	A	B	A	A	B	A	B	A	20	10	15
15	2015/11/6 16:43:59	400	3000	1200	800	400	200	2	6	ABC	4	C	B	C	B	C	B	D	B	C	C	20	15	20
16	2015/11/6 16:49:23	400	2000	800	400	400	80	2	6	AB	5	C	B	C	B	C	C	D	D	C	C	12	16	10
17	2015/11/6 16:53:03	160	2400	800	300	500	120	2	7	ABC	4	C	B	C	D	C	B	D	D	C	D	20	25	18
⋮	⋮	⋮	⋮	⋮	⋮	⋮	⋮	⋮	⋮	⋮	⋮	⋮	⋮	⋮	⋮	⋮	⋮	⋮	⋮	⋮	⋮	⋮	⋮	⋮
590	2015/11/28 11:46:32	32	350	280	170	70	5	2	3	A	3	B	B	C	B	C	B	B	C	B	B	30	25	20
591	2015/11/28 11:51:49	130	1500	860	430	390	25	1	6	B	3	C	D	B	D	C	A	C	B	B	C	11	17	15
592	2015/11/28 14:54:12	150	3900	1000	200	500	100	3	8	BC	4	B	A	A	B	B	B	C	B	C	B	30	40	25

参考文献

［1］Jorgenson D. W., Ho M. S., Samuels J. D. The impact of information technology on postwar US economic growth ［J］. Telecommunications Policy, 2015 （3）：1-14.

［2］Sims K. IBM introduces ready-to-use cloud computing collaboration services get clients started with cloud computing ［EB/OL］. http：//www-03. ibm. com/press/us/en/pressrelease/22613. wss. 2007. 01. 05.

［3］Melt P., Grance T. The NIST definition ofcloud computing ［J］. NIST special publication, 2011, 800 （145）：1-7.

［4］李烨. 云计算的发展研究 ［D］. 北京：北京邮电大学，2011.

［5］刘鸿宇，杨彩霞，陈伟等. 云计算产业集群创新生态系统构建及发展对策 ［J］. 求索，2015 （11）：82-87.

［6］工业和信息化部赛迪智库. 云计划发展白皮书 （2015） ［R］. 北京：中国电子信息产业发展研究院，工业和信息化部赛迪智库，2015.

［7］Buyya R., Yeo C. S., Venugopal S., et al. Cloud computing and emerging IT platforms：Vision, hype, and reality for delivering computing as the 5th utility ［J］. Future Generation Computer Systems, 2009, 25 （6）：599-616.

［8］Grossman R. L., Gu Y., Sabala M., et al. Compute and storage clouds using wide area high performance networks ［J］. Future Generation Computer Systems, 2008, 25 （2）：179-183.

［9］陈康，郑纬民. 云计算：系统实例与研究现状 ［J］. 软件学报，2009，20 （5）：1337-1348.

［10］陈全，邓倩妮. 云计算及其关键技术 ［J］. 计算机应用，2009，29 （9）：2562-2567.

［11］Everett C. Cloud computing—A question of trust ［J］. Computer Fraud & Security, 2009, 2009 （6）：5-7.

［12］冯登国，张敏，张妍等. 云计算安全研究 ［J］. 软件学报，2011，22

（1）：71-83.

［13］Paquette S., Jaeger P. T., Wilson S. C. Identifying the security risks associated with governmental use of cloud computing［J］. Government Information Quarterly, 2010, 27（3）：245-253.

［14］Dan S., Clarke R. Privacy and consumer risks in cloud computing［J］. Computer Law & Security Report, 2010, 26（4）：391-397.

［15］Taylor M., Haggerty J., Gresty D., et al. Digital evidence in cloud computing systems［J］. Computer Law & Security Review, 2010, 26（3）：304-308.

［16］罗军舟，金嘉晖，宋爱波等.云计算：体系架构与关键技术［J］.通信学报，2011, 32（7）：3-21.

［17］林闯，苏文博，孟坤，刘渠，刘卫东.云计算安全：架构、机制与模型评价［J］.计算机学报，2013, 36（9）：1765-1784.

［18］Abdelmaboud A., Jawawi D. N. A., Ghani I, et al. Quality of service approaches in cloud computing：A systematic mapping study［J］. Journal of Systems & Software, 2015, 101（101）：159-179.

［19］黎春兰，邓仲华，张文萍.云服务的定价策略分析［J］.图书与情报，2013（1）：36-41.

［20］陈冬林，陈玲，马明明，付敏.云计算 IaaS 现货实例定价方法研究［J］.计算机工程与设计，2013, 34（10）：3366-3370.

［21］肖鹏，胡志刚.云环境中基于混合博弈的虚拟资源定价模型［J］.计算机集成制造系统，2014, 20（1）：198-206.

［22］袁泽凯，葛世伦，王念新.基于 BSM 模型的 IaaS 云计算服务定价［J］.计算机应用研究，2014, 31（11）：3344-3356.

［23］Baars T., Khadka R., Stefanov H., Jansen S., Batenburga R., Heusden E. Chargeback for cloud services［J］. Future Generation Computer Systems, 2014, 41（C）：91-103.

［24］Basu S., Chakraborty S., Sharma M. Pricing cloud services—the impact of broadband quality［J］. Omega, 2014, 50：96-114.

［25］Javed B., Bloodsworth P., Rasool R. U., et al. Cloud Market Maker：An automated dynamic pricing marketplace for cloud users［J］. Future Generation Computer Systems, 2015, 54：52－67.

[26] 吴良刚，周赛军. 两种常见的云计算服务定价机制的对比研究 [J]. 计算机应用研究，2016（1）：122-125.

[27] 章瑞，汤兵勇. 基于 Hotelling 模型的云计算服务两期动态定价研究 [J]. 东华大学学报：自然科学版，2015，41（3）：392-397.

[28] 陈江涛. 基于 SaaS 的 IT 服务定价策略研究 [D]. 湖北：华中科技大学，2014.

[29] 刘万军，张孟华，郭文越. 基于 MPSO 算法的云计算资源调度策略 [J]. 计算机工程，2011，37（11）：43-44.

[30] 林果园，贺珊，黄皓等. 基于行为的云计算访问控制安全模型 [J]. 通信学报，2012（3）：59-66.

[31] 谭一鸣，曾国荪，王伟. 随机任务在云计算平台中能耗的优化管理方法 [J]. 软件学报，2012，23（2）：266-278.

[32] Pal R., Hui P. Economic models for cloud service markets: Pricing and capacity planning [J]. Theoretical Computer Science, 2013, 496 (10): 113-124.

[33] Chen J. H., Abedin F., Chao K. M., et al. A hybrid model for cloud providers and consumers to a cloud services [J]. Future Generation Computer Systems, 2015, 50 (C): 38-48.

[34] Hsu P. F., Ray S., Li-Hsieh Y. Y. Examining cloud computing adoption intention, pricing mechanism, and deployment model [J]. International Journal of Information Management, 2014, 34 (4): 474-488.

[35]（美）马克·波拉特. 信息经济论 [M]. 李必详，钟华玉，吴木华等，译. 长沙：湖南人民出版社，1987.

[36] 陈建龙，胡磊，于嘉. 国内外宏观信息化测度的发展历程及比较研究 [J]. 情报科学，2008，26（9）：1432-1436.

[37] 程扬，张洁，瞿兆荣. 企业信息化绩效评估体系及其评价方法 [J]. 计算机工程，2007，33（2）：270-273.

[38] 杜晓君，杨雷. 基于主成分分析法的制造业信息化绩效聚类分析——以沈阳为例 [J]. 东北大学学报（自然科学版），2013，34（7）：1053-1056.

[39] 陈巍巍，张雷，陈世平，刘秋岭. 信息化绩效评估的指标体系框架研究 [J]. 科研管理，2013，34（12）：259-264.

［40］Pieree A. The Effect of business and information technology strategic alignment on information technology investment returns and corporate performance ［D］. Fort Lauderdale, Nova Southeastern University, 2002.

［41］汪淼军, 张维迎, 周黎安. 企业 IT 项目投资的绩效及其影响因素: 基于浙江企业的经验证据［J］. 中国社会科学, 2007 (6): 81-93.

［42］Daniel Boothby, Anik Dufour, Jianmin Tang. Technology adoption, training and productivity performance ［J］. Research Policy, 2010, 39 (5): 650-661.

［43］楼润平, 薛声家. ERP 与公司盈利绩效: 来自沪深上市公司的经验证据［J］. 系统工程理论与实践, 2011, 31 (8): 1460-1469.

［44］Ying Lu, K. Ramamurthy. Understanding the link between information technology capability and organizational agility: an empirical examination ［J］. MIS Quarterly, 2011, 35 (4): 931-954.

［45］万平, 陈共荣, 杨娅琴. 基于分位回归的资本结构与高新技术企业绩效相关性研究［J］. 财务与金融, 2012 (6): 89-95.

［46］Kleis L., Chwelos P., Ramirez R. V., et al. Information technology and intangible output: the impact of IT investment on innovation productivity ［J］. Information Systems Research, 2011, 23 (23): 42-59.

［47］杨一平, 马惠, 张婳莉等. 企业信息化投入产出定量分析模型研究［J］. 信息资源管理学报, 2011 (2): 67-71.

［48］Ho-Chang Chae, Chang E. Koh. Information technoloyt capability and firm performance: contradictory findings and their possible causes ［J］. MIS Quarterly, 2013, 38 (1): 305-326.

［49］Bardhan I., Krishnan V., Lin S. Research note—business value of information technology: testing the interaction effect of IT and R&D on Tobin's Q ［J］. Manufacturing & Service Operations Management, 2013. 24 (4): 1147-1161.

［50］Ada S., Sharman R., Balkundi P. Impact of meta-analytic decisions on the conclusions drawn on the business value of information technology ［J］. Decision Support Systems, 2012, 54 (1): 521-533.

［51］左美云, 陈蔚珠, 胡锐先. 信息化成熟度模型的分析与比较［J］. 管理学报, 2005, 2 (3): 341-346.

［52］马慧, 杨一平. 企业信息化能力成熟度关键模型研究［J］. 经济与管

理研究, 2010 (1)：73-78.

[53] Milis K., Mercken R. The use of the balanced scorecard for the evaluation of information and communication technology projects [J]. International Journal of Project Management, 2004, 22 (2)：87- 97.

[54] 王铁男, 李一军, 刘娇. 基于 BSC 的企业信息化绩效评价应用研究 [J]. 中国软科学, 2006 (4)：136-147.

[55] 张嵩, 吴绪永. 基于 RBV 的企业信息化绩效评估层次模型 [J]. 科学学与科学技术管理, 2007 (6)：129-133.

[56] 杨一平, 马慧. 企业信息化能力成熟度研究 [M]. 北京：人民邮电出版社, 2015.

[57] (美) 凯西·施瓦尔贝. IT 项目管理：原书第 6 版 [M]. 杨坤, 王玉译, 译. 北京：机械工业出版社, 2011.

[58] Lúcio Camara E. Silva , Ana Paula Cabral Seixas Costa. IT project investments：an analysis based on a sort and rank problem [J]. International Journal of Information Technology & Decision Making, 2014, 13 (4)：699-719.

[59] Schwartz E. S., Carlos Zozaya-Gorostiza. Investment under uncertainty in information technology：acquisition and development project [J]. Management Science, 2003, 49 (1)：57-70.

[60] 朱泽民, 陈琛. 中小企业信息化建设模式的分析与比较 [J]. 企业技术开发, 2008, 27 (1)：77-79.

[61] 卢淑静. 中小企业和信息化建设模式的匹配研究 [J]. 科技管理研究, 2010, 30 (3)：110-111.

[62] 赛迪顾问. 中国中小企业信息化发展白皮书 [EB/OL]. http：// www. bestsapchina. com/offer/SAP20259. html. 2010, 11.

[63] Dardan S., Busch D., Sward D. An application of the learning curve and the nonconstant-growth dividend model：IT investment valuations at Intel Corporation [J]. Decision Support Systems, 2006, 41 (4)：688-697.

[64] Ngwenyama O., Guergachi A., Mclaren T. Using the learning curve to maximize IT productivity：a decision analysis model for timing software upgrades [J]. International Journal of Production Economics, 2007, 105 (2)：524-535.

[65] 楼润平, 杨德锋. 使用学习曲线优化信息系统升级决策 [J]. 科技管

理研究, 2011, 31 (20): 209-214.

[66] Knight, F. H. Risk, uncertainty, and profit [M]. Boston: Hart, Schaffner and Marx, 1921.

[67] Dixit A. K., R. S. Pindyck. Investment under uncertainty [M]. New Jersey: Princeton University Press, 1994.

[68] Yu J., Xu B. The game analyses to price the target enterprise of merger and acquisition based on the perspective of real options under stochastic surroundings [J]. Economic Modelling, 2011, 28 (4): 1587-1594.

[69] Roger D. van Zee, Stefan Spinler. Real option valuation of public sector R&D investments with a down-and-out barrier option [J]. Technovation, 2014, 34 (8): 477-484.

[70] Kim J. H., Lee M. K., Sohn S. Y. Investment timing under hybrid stochastic and local volatility [J]. Chaos Solitons & Fractals, 2014, 67 (10): 58-72.

[71] Nigro G. L., Morreale A., Enea G. Open innovation: a real option to restore value to the biopharmaceutical R&D [J]. International Journal of Production Economics, 2014, 149 (149): 183-193.

[72] 夏晖, 曾勇. 不完全竞争环境下不对称企业技术创新战略投资 [J]. 管理科学学报, 2005, 8 (1): 30-41.

[73] 蔡永明, 关忠良, 马红. 企业 IT 项目投资的双随机变量实物期权应用 [J]. 清华大学学报: 自然科学版, 2006, 46 (S1): 909-913.

[74] 张鸿雁, 王真军, 李学全. 不确定的时间范围下含期权的最优投资决策 [J]. 数学的实践与认识, 2010, 40 (1): 62-66.

[75] 杨安洋, 杨正勇. 奈特不确定条件下企业有成本可逆投资策略研究 [J]. 数学的实践与认识, 2014 (13): 125-136.

[76] Besanko D., Doraszelski U., Lu L. X., et al. On the role of demand and strategic uncertainty in capacity investment and disinvestment dynamics [J]. International Journal of Industrial Organization, 2010, 28 (4): 383-389.

[77] Gil P. M. Investment under uncertainty: the nature of demand shocks and the expected profitability of capital [J]. Economics Letters, 2012, 114 (2): 154-156.

[78] Luca Di Corato, Michele Moretto. Long-run investment under uncertain demand [J]. Economic Modelling , 2014, 41: 80-89.

［79］ Dean A. Paxson, Arun Melmane. Multi-factor competitive internet strategy evaluations: search expansion, portal synergies ［J］. Journal of Modelling in Management, 2009, 4 (3): 249-273.

［80］ Lee Y. C., Lee S. S. The valuation of RFID investment using fuzzy real option ［J］. Expert Systems with Applications, 2011, 38 (10): 12195-12201.

［81］ 何沐文, 刘金兰, 高奇特. 不确定环境下自然资源开发项目投资评价模型 ［J］. 管理科学学报, 2013, 16 (6): 46-55.

［82］ 邢小强. 基于实物期权的新技术投资评估与决策研究 ［M］. 北京: 中国人民大学出版社, 2014.

［83］ Thijssen J. J. J. A model for irreversible investment with construction and revenue uncertainty ［J］. Journal of Economic Dynamics & Control, 2015, 57: 250-266.

［84］ 杨海生, 陈少凌. 不确定条件下的投资: 基于"跳"过程的实物期权模型 ［J］. 系统工程理论与实践, 2009, 29 (12): 175-185.

［85］ Ma T., Grubler A., Nakamori Y. Modeling technology adoptions for sustainable development under increasing returns, uncertainty, and heterogeneous agents ［J］. European Journal of Operational Research, 2009, 195 (1): 296-306.

［86］ Pennings E., Sereno L. Evaluating pharmaceutical R&D under technical and economic uncertainty ［J］. European Journal of Operational Research, 2011, 212 (2): 374-385.

［87］ Seta M. D., Gryglewicz S., Kort P. M. Optimal investment in learning-curve technologies ［J］. Journal of Economic Dynamics & Control, 2012, 36 (10): 1462-1476.

［88］ Chen H., Ma T. Technology adoption with limited foresight and uncertain technological learning ［J］. European Journal of Operational Research, 2014, 239 (1): 266-275.

［89］ You D., Yang X., Wu D. D., et al. Option game with Poisson Jump Process in company radical technological innovation ［J］. Technological Forecasting & Social Change, 2014, 81 (1): 341-350.

［90］ 阳军. 不确定条件下最优投资时机和投资规模决策研究 ［D］. 重庆: 重庆大学, 2010.

［91］ 陈玉保. 基于沉淀成本的企业技术采纳与定价研究 ［D］. 北京: 北

京邮电大学, 2010.

[92] Mason R., Weeds H. Investment, uncertainty and pre-emption [J]. International Journal of Industrial Organization, 2010, 28 (3): 278-287.

[93] Alain Bensoussan, J. David Diltz. Real options games in complete and incomplete markets with several decision makers [J]. Society for Industrial and Applied Mathematics, 2010, 1 (1): 666-728.

[94] Pierre-André Jouvet, Caroline Orset, Elodie Le Cadre. Irreversible investment, uncertainty and ambiguity: the case of bioenergy sector [J]. Energy Economics, 2011, 34 (1): 45-53.

[95] Lukas E., Welling A. On the investment-uncertainty relationship: a game theoretic real option approach [J]. Finance Research Letters, 2012, 11 (1): 25-35.

[96] Huang B., Cao J., Chung H. Strategic real options with stochastic volatility in a duopoly model [J]. Chaos Solitons & Fractals, 2014, 58 (1): 40-51.

[97] Banerjee S., Güçbilmez U., Pawlina G. Optimal exercise of jointly held real options: A Nash bargaining approach with value diversion [J]. European Journal of Operational Research, 2014, 239 (2): 565-578.

[98] Filomena T. P., Campos-Náñez E., Duffey M. R. Technology selection and capacity investment under uncertainty [J]. European Journal of Operational Research, 2014, 232 (1): 125-136.

[99] 晏文隽, 郭菊娥. 不确定性条件下风险投资高收益的触发条件——以估值调整协议为视角 [J]. 西安交通大学学报: 社会科学版, 2015, 35 (2): 22-26.

[100] Boyer M., Lasserre P., Moreaux M. A dynamic duopoly investment game without commitment under uncertain market expansion [J]. International Journal of Industrial Organization, 2011, 30 (6): 663-681.

[101] Bouis R., Huisman K. J. M., Kort P. M. Investment in oligopoly under uncertainty: the accordion effect [J]. International Journal of Industrial Organization, 2006, 27 (2): 320-331.

[102] Wickart M., Madlener R. Optimal technology choice and investment timing: a stochastic model of industrial cogeneration *vs.* heat-only production [J]. Energy Economics, 2004, 29 (4): 934-952.

[103] Shuang Xu, Ran Zhang. Optimal investing stopping in stochastic environment [J]. China Finance Review International, 2013, 3 (2): 164-185.

[104] Shibata T., Tian Y. Reorganization strategies and securities valuation under asymmetric information [J]. International Review of Economics & Finance, 2010, 19 (3): 412-426.

[105] Wolfgang Putschögl, Jörn Sass. Optimal investment under dynamic risk constraints and partial information [J]. Quantitative Finance, 2011, 11 (10): 1547-1564.

[106] Villemeur E. B. D., Ruble R., Versaevel B. Investment timing and vertical relationships [J]. International Journal of Industrial Organization, 2014, 33 (1): 110-123.

[107] Dortland M. V. R., Voordijk H., Dewulf G. Making sense of future uncertainties using real options and scenario planning [J]. Futures, 2013, 55 (1): 15-31.

[108] Wang M., Wang S. Optimal investment and uncertainty on China's carbon emission abatement [J]. Energy Policy, 2012, 41 (C): 871-877.

[109] 李应求, 刘朝才, 彭朝晖. 不确定条件下企业的投资规模决策 [J]. 运筹学学报, 2008, 12 (2): 121-128.

[110] Inderst R., Peitz M. Investment under uncertainty and regulation of new access networks [J]. Information Economics & Policy, 2014, 26 (1): 28-41.

[111] Femminis G., Martini G. Irreversible investment and R&D spillovers in a dynamic duopoly [J]. Journal of Economic Dynamics & Control, 2011, 35 (7): 1061-1090.

[112] Lukach R., Kort P. M., Plasmans J. Optimal R&D investment strategies under the threat of new technology entry [J]. Journal of Neural Transmission Supplementum, 2007, 25 (1): 103-119.

[113] Pennings E., Sereno L. Evaluating pharmaceutical R&D under technical and economic uncertainty [J]. European Journal of Operational Research, 2011, 212 (2): 374-385.

[114] Wu L. C., Ong C. S. Management of information technology investment: A framework based on a Real Options and Mean-Variance theory

perspective [J]. Technovation, 2008, 28 (3): 122-134.

[115] 孙艳梅, 孙长雄. 技术不确定条件下 R&D 投资决策的期权博弈模型 [J]. 哈尔滨工程大学学报, 2010, 31 (8): 1115-1122.

[116] Martzoukos S. H., Zacharias E. Real option games with R&D and learning spillovers [J]. Mpra Paper, 2008, 41 (2): 236-249.

[117] 余冬平, 邱菀华. R&D 投资决策的不对称双头垄断期权博弈模型 [J]. 系统工程, 2005, 23 (2): 31-34.

[118] 孟力, 高闯, 杨洪泰. 双寡头非对称通信市场营销竞争数学模型分析 [J]. 厦门大学学报: 自然科学版, 2008, 47 (5): 647-651.

[119] 蔡强, 曾勇. 基于专利商业化投资的非对称期权博弈 [J]. 系统工程学报, 2009, 25 (4): 512-519.

[120] LiangChuan Wu, FangMing Liou. A quantitative model for ERP investment decision: considering revenue and costs under uncertainty [J]. International Journal of Production Research, 2011, 49 (22): 6713-6728.

[121] D'Aspremont C., Jacquemin A. Cooperative and noncooperative R&D in duopoly with spillovers. [J]. American Economic Review, 1991, 37 (2): 187-191.

[122] 孙树垒. 生产与研发成本差异下双寡头横向 R&D 合作 [J]. 中国管理科学, 2008 (S1): 63-67.

[123] 袁立科, 张宗益. 寡头竞争模型下的非对称 R&D 分析 [J]. 管理工程学报, 2008, 22 (2): 64-68.

[124] 刘新梅, 张若勇, 徐润芳. 非对称管制下垄断企业 R&D 投入决策研究: 价格竞争模型 [J]. 管理工程学报, 2008, 22 (2): 80-84.

[125] 孙彩虹, 于辉, 齐建国. 企业合作 R&D 中资源投入的机会主义行为 [J]. 系统工程理论与实践, 2010, 30 (3): 447-455.

[126] 胡荣, 陈圻, 王强. 双寡头动态 R&D 竞争的复杂性研究 [J]. 管理工程学报, 2011, 25 (2): 118-123.

[127] 吴晓园, 丛林. 企业技术创新策略与政府 R&D 补贴——基于不完美信息的动态博弈模型 [J]. 科学学与科学技术管理, 2012, 33 (2).

[128] 杨晓花, 夏火松, 谷伟, 陈文磊. 内生时机下多阶段 R&D 博弈的均衡行动顺序 [J]. 中国管理科学, 2014, 22 (5): 83-90

[129] 张泽麟, 王道平, 张虹等. 标准设定动因下企业 R&D 联盟的进化博

弈分析 [J]. 软科学, 2014, 28 (1): 20-25.

[130] 张新华, 叶泽. 投资政策不确定条件下的寡头发电容量投资分析 [J]. 中国管理科学, 2014, 22 (9): 26-32.

[131] Luckraz S. R&D games in a Cournot duopoly with isoelastic demand functions: A comment [J]. Economic Modelling, 2011, 28 (6): 2873-2876.

[132] Jia N. Competition, governance, and relationship-specific investments: Theory and implications for strategy [J]. Strategic Management Journal, 2013, 34 (13): 1551-1567.

[133] Bensoussan A., Chi C. S., Yam S. C. P., et al. A class of non-zero-sum stochastic differential investment and reinsurance games [J]. Automatica, 2014, 50 (8): 2025-2037.

[134] Zschocke M. S., Mantin B., Jewkes E. M. The Effect of competition on R&D portfolio investments [J]. Production & Operations Management, 2012, 23 (8): 1439-1449.

[135] Nakamura T. One-leader and multiple-follower Stackelberg games with private information [J]. Economics Letters, 2014, 127: 27-30.

[136] Lambertini L., Zaccour G. Inverted-U aggregate investment curves in a dynamic game of advertising [J]. Ssrn Electronic Journal, 2014, 132: 34-38.

[137] Ruiz-Aliseda F. Preemptive investments under uncertainty, credibility and first mover advantages [J]. International Journal of Industrial Organization, 2015, 44: 123-137.

[138] 陈海波. 云计算平台可信性增强技术的研究 [D]. 上海: 复旦大学, 2008.

[139] 约翰·罗顿. 云计算实施手册 [M]. 朱丽, 姜怡华等, 译. 北京: 机械工业出版社, 2011.

[140] 章瑞. 云计算服务的定价策略研究 [D], 东华大学, 2014.

[141] Manifesto O. C. Open cloud manifesto [EB/OL]. Manifesto: http://www.opencloudmanifesto.org/. 2010, 11.

[142] Baars T., Khadka R., Stefanov H., et al. Chargeback for cloud services [J]. Future Generation Computer Systems, 2014, 41 (C): 91-103.

[143] Aberdeen Group. SaaS 和多层 ERP 战略 [EB/OL]. http://www.

bestsapchina. com/offer/SaaS20487. html. 2011，11.

［144］Saugatuck Technology Inc. 软件即服务实况：中小型企业的业务优势［EB/OL］. http：//www. bestsapchina. com/offer/SaaS20296. html. 2009，10.

［145］Saugatuck Technology Inc. 评估软件即服务（SaaS）解决方案：中小型企业的检查清单［EB/OL］. http：//www. bestsapchina. com/offer/SaaS20485. html. 2009，10.

［146］Paul D. Hamerman，William Band，Ralph Vitti. 云计算中的成套应用程序：拥有成本模式向 SaaS 的透明度发展［EB/OL］. http：//www. bestsapchina. com/offer/SaaS20348. html. 2010，7，23.

［147］Technology Evaluation Centers. 必胜的制造业战略：IT 在云计算中的新角色［EB/OL］. http：//www. bestsapchina. com/offer/SAP20353. html. 2010，10.

［148］Liz Herbert，Jon Erickson. SAP 云计算 SaaS 管理系统解决方案：针对采购和供应商管理专员［EB/OL］. http：//www. bestsapchina. com/offer/SaaS20486. html. 2009，7，13.

［149］Saugatuck Technology Inc. 走进云技术：帮助中型企业管理变更和迁移［EB/OL］. http：//www. bestsapchina. com/offer/SAP20328. html. 2010，5.

［150］周妍. 信息化属性下企业低碳发展优化路径研究［D］. 北京：首都经济贸易大学，2014.

［151］吴明隆. 结构方程模型——AMOS 实务进阶［M］. 重庆：重庆大学出版社，2013.

［152］荣泰生. AMOS 与研究方法［M］. 重庆：重庆大学出版社，2010.

［153］李伟，李敏强，陈富赞. 两阶段软件发布管理中的最优质量与定价——顾客需求不确定条件下的分析［J］. 中国管理科学，2015，23（2）：108-115.

［154］Banerjee D. S.，Chatterjee I. Exploring Stackelberg profit ordering under asymmetric product differentiation［J］. Economic Modelling，2014，36（1）：309-315.

［155］Mukhopadhyay S. K.，Yue X.，Zhu X. A Stackelberg model of pricing of complementary goods under information asymmetry［J］. International Journal of Production Economics，2011，134（2）：424-433.